100年潰れない中小企業をつくる最強の財務経営

湯原重之 著

セルバ出版

はじめに

学校では教えてくれない「現預金や財務の必要性」

本書を手にとってくださり、ありがとうございます。

本書は、中小企業が潰れることなく右肩上がりになっていくために、本当に必要なお金のルールをお伝えする本です。

わたしは大学を卒業後、外資系製薬会社にＭＲとして入社し、会計事務所へ転職、税理士資格を取得して、20年以上中小企業の経営者とご一緒してきました。

そのなかでいつも感じてきたのは、中小企業の経営者があまりにも売上や税金にとらわれすぎていて、企業にとってもっと大切な「現預金や財務」などに意識が向かっていないということです。

それは、学校教育で「経営に大切なのは現預金や財務である」といったことを習う機会がないからなのでしょう。もしかしたら、商業高校でも教わらないことなのかもしれません。

しかし、大切な会社を潰さないためには、財務や現預金というものが非常に重要になってくるのです。

わたしは税理士として十数年にわたって会計事務所を経営してきましたが、出会う中小企業の経営者のほとんどが、節税や売上の大小によって自社の優劣を意識しているように感じます。

しかし、大切なのはそこではありません。

もし複数の中小企業の経営者が集まって、どこの会社が一番なのかを決めるゲームをするとします。

そのとき、わたしは間違いなく「売上」の比較をするゲームではなく、一斉にみんなが通帳を見せ合って、誰が一番預金を持っているのかによって一等賞を決めるゲームをするでしょう。

わたしには、「中小企業の社長には絶対に会社を潰してほしくない」という想いがあります。

そのような想いから、この「財務」に関する本を世の中に出そうと思い立ったのです。

「税務」で会社が潰れることはありません。「会社が潰れる・潰れない」という瀬戸際になるのは、じつは「財務」なのです。

財務の知識があれば生き残ることができますし、知識がなければ会社を潰してしまいます。

「会計」「経理」に関わる人すべてに必要な「財務」の知識

わたしが目指しているのは、「潰れない・潰されない財務経営」です。

以前は財務など注目されなかったのですが、時代も変わったもので、最近ではＳＮＳでも「財務」というワードが出てくるようになりました。

財務というものへの関心が高まっていることを感じています。

ひと言で「財務」と言っても、事業規模によって財務の形はさまざまです。わたしが提供したいのは、あくまでも「中小企業にとって本当に必要な財務知識」です。

別の言い方をすれば、「『上場していない、圧倒的大多数の企業』に対する財務知識」を提供したいのです。

ですから、わたしは本書を、まずは中小企業の経営者に読んでいただきたいと考えています。加えて、経理担当者にも読んでほしいとも思っています。

もっと言えば、中小企業をサポートしている会計事務所の所長、担当者など、中小企業に関わっているすべての人も読者対象としています。

「節税をしない勇気・納税する勇気」で日本はよくなる

本書が、中小企業の社長や会計事務所の所長や担当者の、税金や節税、借入に対する意識を変えるきっかけになることを願っています。

- 節税がかならずしもいいことではないということ
- 節税をしない勇気・納税をする勇気を持つこと
- 節税をせずに納税をするということに対する「対金融機関」的なメリット

皆さまには、このようなことをぜひ知っていただきたいのです。

「なぜ節税をするのでしょうか？」と経営者が聞かれれば、「税金が安くなることにメリットを感じているから」と答えるでしょう。

一方で、納税をすることによるメリットを感じられないから、一生懸命に納税をしようと思わないはずです。

しかし、それはメリットを感じられないのではなく、納税することによるメリットを正しく教えてくれる人がいないだけ。

経営者であれば、納税のメリットを知りさえすれば理解できるものです。実際、わたしのクライアント社長たちはここを心得ています。

じつは、節税をすればするほどお金が出ていくのだということをご存知でしょうか？

たしかに節税をすれば、「税金」という種類の支出は少なくなるのかもしれませんが、そのためにいくらお金を払っているのでしょうか。

「一番お金が出ていく方法こそが節税である」ということを知っていただきたいのです。

わたしは、「思いっきり納税をしてください」「節税はしないでください」というスタンスです。

税金という種類のお金はたくさん出ていくかもしれませんが、じつは財布のなかに一番お金が残る方法が、思いっきり納税をすることなのです。

本書で解説している内容を通じて、経営者だけでなく会計事務所の人たちにも、利益をしっかりと出して納税をするメリットをわかっていただければ、その会社だけではなく、日本自体もよくなるのではないでしょうか。

「子どもたちに将来を託せる、ワクワクする日本」にしていきましょう

これはあくまでもわたし個人の意見なのですが、中小企業が変わらない場合、将来の日本は「つまらない国」になるのではないかと思っています。

わたし自身は経験していませんが、よく先輩方から戦後復興の頃の日本の話を聞きます。いまほどモノは豊かではなかったのかもしれませんが、「チャンスの塊」だったそうです。「やれば何でも実現できる」という雰囲気で、その時代に生きる人たちの目はもっとギラギラしていた、活き活きとしていたといいます。

ところが、いまわたしたちが人生のど真ん中を生きているここ数十年の日本はどうでしょうか？

モノはあふれかえっているのかもしれませんが、何か物足りなさを感じずにはいられません。成熟してしまっているうえ、チャンスの芽はかならずと言っていいほど潰される、つまらない日本になってしまうのではないかと感じることが非常に多いのです。

わたしにも子どもがいます。

だからこそ、「これからの日本はまだまだ楽しみがあって、もっとおもしろいことがあるよ」と言える国になるように、まずは一企業から、小さな一歩かもしれませんが、本書で紹介する財務知識を活用していただきたいのです。

本書が、中小企業を元気にするきっかけとなれば、こんなに嬉しいことはありません。

湯原重之

２０２１年９月

100年潰れない中小企業をつくる　最強の財務経営　目次

第3章　資金繰りの仕組みと仕掛けをつくっていますか？

第4章　会社の数字を社長は読めていますか？

第5章　財務の仕事を内製化しようとしていますか？

第1章

会社の将来の姿を社長はイメージしていますか？

1　会社の将来像を具体的に強く思い描いていますか？

「あまりにも遠い未来の将来像」では、現実味を感じられない

本書を読んでいただきたいのは、日本企業のなかで圧倒的大多数を占める「中小企業の経営者」の人たちです。

本書を通じて、「潰れない・潰されない財務経営とはこういうことなのだ」ということを知っていただければと思っています。

さて、わたしのところへ相談に来られる中小企業の経営者のほとんどは、ご自身の会社の将来像を思い描いています。

一方で、財務において重要なことは、経営者が「どこまで具体的に」「どこまで明確に」「どれくらい先のイメージを描いているか」ということです。

これはあくまでもわたしの経験則ですが、10年後や20年後のご自身の夢を思い描いている経営者は多いという印象があります。

しかし、財務という観点で考えれば、5年後、10年後、20年後という先のお話をされても、正直に言って夢物語にしか聞こえないのです。

ベンチャーキャピタルや個人投資家へのプレゼンで、「わたしは将来このようにしたい」と語るのであれば、夢物語であってもいいでしょう。

しかし、わたしとの面談でお話しいただきたいのは、銀行に対してプレゼンをするのと同じようなことです。

つまり、遠い将来の夢物語よりも、「現実的に見て、貸したお金を返してくれる可能性が高いのかどうか」ということのほうが、よほど重要な関心事なのです。

大切なのは、「3年後」の将来像

財務という観点から見た将来像は、「3年後」が限界です。

つまり、5年後や10年後などの遠い未来のことは横に置いて、3年後にどうしたいのかを明確にイメージする必要があるのです。

そして、3年後には少なくともこうなっていたいというイメージを現実化するためには、2年後にはこうなっていなければいけない、来年はこうなっていなければいけない、現状とのギャップがこれくらいある、という話になっていきます。

いまの「足元」を見ないようにして、いきなり10年後や20年後の話をしても、それは違うのではないでしょうか。

矛盾のない、明確な数字で話ができる経営者は、成功確率が高い

これもわたしの経験則なのですが、3年後を見据えたときに、この人は大丈夫だと思える人、つまり、財務戦略というものをしっかりやれば成功できると思える経営者には、ある法則があります。

「3年後はどうされたいのですか」と最初に質問をしたときに、成功確率の高い経営者は明確な数字で話をしてきます。

一方で、「社員をしあわせにしたい」と言う経営者もいます。

たしかにそれは素晴らしいことなのですが、ではしあわせとは何なのでしょうか。

たとえば飲食店を経営する社長、美容室を経営する社長が、3年後に店舗数をどれくらいにしたいのかを明確な数字で話せるならば、高い確率で成功します。

これは、売上についても同じです。こと経営に関しては、「抽象的な言葉で話をする人」と「具体的な数字で話す人」とでは、売上が雲泥の差になっていくでしょう。

具体的には、売上・店舗数・社員数。

少なくともこの3つを明確に数字で言える経営者は、成功する確率が高いと言えます。

しかし、この3つを明確に言えたとしても、その数字に矛盾がある場合はまた話が別になってきます。

ある経営者が「3年後に5店舗増やしたい。社員数は50人増やしたい」と言ったとします。そし

て、1店舗あたりの人数を聞いたときの答えが5人だったとすれば、5店舗増やすために50人も必要ありません。ここに矛盾があるのです。

言っている内容に整合性を感じられない経営者は、ただ思いつくままに話をしているだけということになってしまいます。

このような姿勢では、なかなか成功にはつながっていかないでしょう。

矛盾のない、明確な数字で話をするようにしていきましょう。

2　事業計画は数字の裏づけ通りに進んでいますか？

好ましい「事業計画」は、数字が明確で、整合性が取れているもの

経営者であれば、会社を継続的に成長させたいと思うのは当然のことですよね。

そのために欠かせないものの1つが、「事業計画」でしょう。

この事業計画について、「有効性を判断する基準がどこにあるのか」と聞かれれば、何と答えますか？　わたしは、「数字が明確であり、話していることと整合性が取れているかどうか」と答えます。

財務がとくに重要となる業種に、店舗ビジネス、いわゆる箱ものビジネスがあります。

その代表格は飲食業であり、あとは、理美容、整体・整骨院といったところです。「箱ものビジネス」の経営者は、とくに財務を知っておいたほうがいいですし、実際興味をお持ちの人も多いことでしょう。

たとえば、ある会社の現在の1店舗の売上が200万円だとします。

その会社の社長が、事業計画で「1店舗の売上を現在の200万円から500万円にしたい」と言っても、箱の大きさは変わりませんので、そう簡単に500万円にできるものではないでしょう。理論上、500万円にできる根拠がありません。

つまり、事業計画をつくるときに「積算で物事を考えている人」と「漠然とした数字だけが浮かぶ人」とでは、数字の論理立てが違うのです。

将来イメージされる数字が、どのような根拠ででき上がっていくのかが明確な人とそうではない人とでは、実現できる可能性に大きな差がつくのです。

事業計画は、来期1年分を、季節変動を加味した「月別」で考える

ところで、事業計画はどれくらいの期間を策定すればいいと思いますか?

事業計画は、来期1年分をつくればいいでしょう。

わたしは前項で、3年後を思い描くといいと言いましたが、それはあくまでも売上・店舗数・社

【図表１　経営者のやるべきこと】

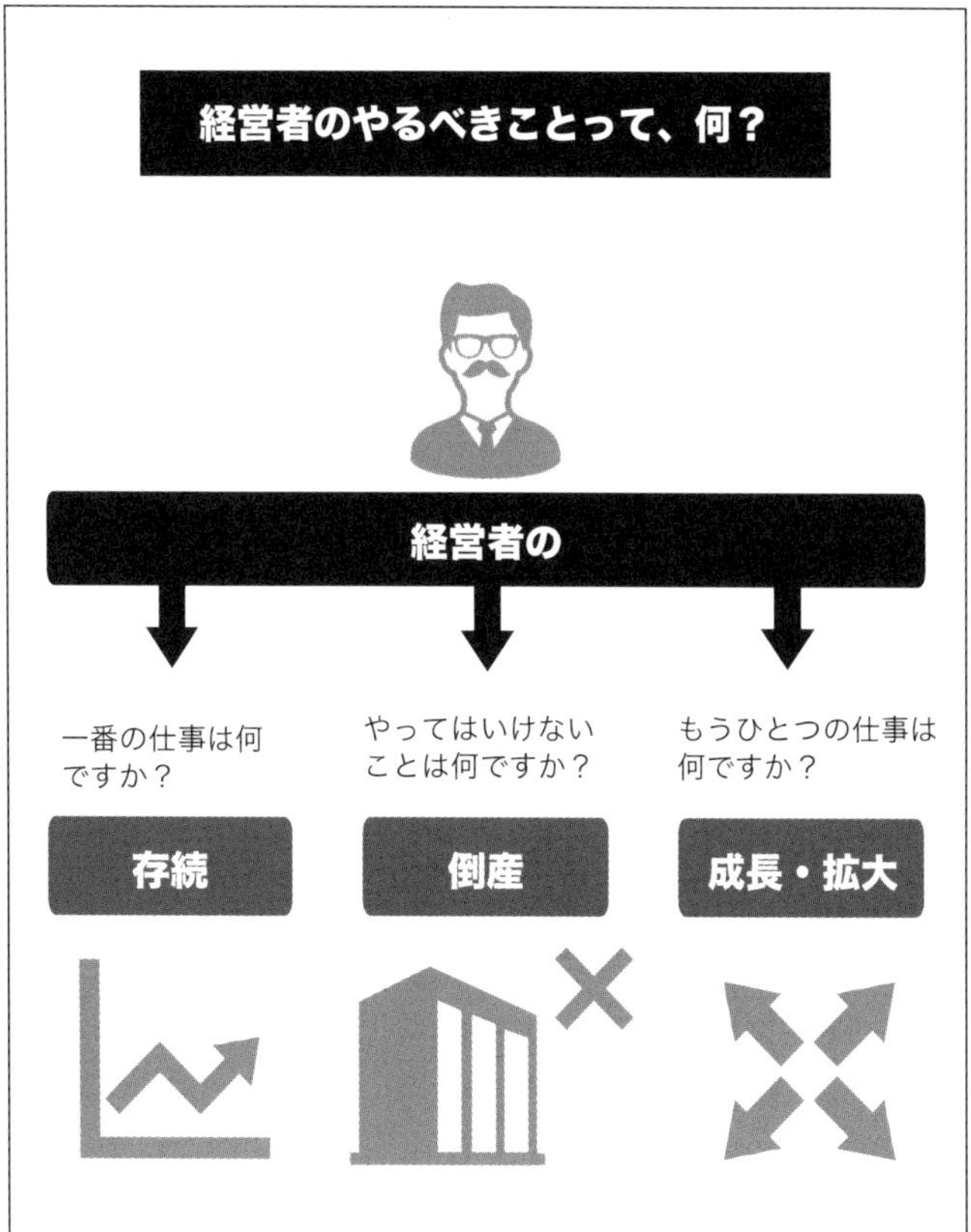

員数といった事業規模についてのお話です。

一方で、「来期の売上計画」「来期の利益計画」といった数字に置き換える「事業計画」は、1年分を作成すればいいでしょう。

この1年分の事業計画をつくれない人は、3年分をつくったとしても、3年後はその数字には絶対になりません。

目の前の1年が達成できなければ、2年後も3年後も達成できないでしょう。

逆に、3年後の事業規模のイメージを描いている人は、来期の数字目標をきっちりと達成できれば、それを2回繰り返すだけで3年後に到達できます。

ですから、繰り返しになりますが、数字的な事業計画は「来期1年分」だけで大丈夫なのです。

なお、進行期（今期）に来期の事業計画を立てるにあたっては、「月別」で作成しましょう。

このとき「年間売上3億円だから、月2500万円×12か月」と単純に計画を立てるのは、適切ではありません。

1か月目から12か月目まで均等に売上が進むことなど、あり得ませんよね。

ビジネスである以上、どうしても季節変動的な要因を加味しなければいけません。

単に年の目標金額を12分割しているだけでは年間計画とは言えませんので、くれぐれもご注意くださいね。

3　経営計画書はどのようにつくっていますか？

経営計画書に必須の項目は、「出店計画」と「採用計画」

会社が目標を達成していくために必要不可欠なロードマップに、経営計画書があります。

この経営計画書を作成するにあたっても、押さえておかなければいけないポイントが存在します。

経営計画書を作成する際にかならず押さえておく必要がある項目は、「出店計画」と「採用計画」です。

店舗を年間でいくつ出そうと思っても、なかなか決まるものではないでしょう。

たとえば、来年は1店舗出したいと思うのであれば、何か月も前から物件を探さなければいけません。

いきなり場所を決めてすぐ出店することなどできませんよね。

そして、「箱」をつくったとしても、そこで働く人がいなければオープンすることはできません。

つまり、出店計画よりも先に、採用計画を進めなければならないのです。

やりたいことがあるのであれば、常に「逆算」で考えるべきです。

何かをするために2～3か月の猶予が必要であるならば、その猶予を確保するために、人の採用は6か月前から始める。

このような「逆算的な発想」ができるかどうかがポイントなのです。

何事であっても、「段取り」と「論理的な思考」が必要

すべての物事は同じです。

たとえば料理に関しても、いきなりレンジでチンしてできあがるようなものはほとんどありません。必要な材料があれば、まずはその材料を買い揃えるところから始めなければいけません。

次に、調理の順番を考え、材料を刻むなどの下ごしらえをしていくものですね。

このように、段取りは非常に大切です。

段取りに関する時間軸をイメージできなければ、計画を遂行することは難しいでしょう。

最初は夢を語るのも大事なことではありますが、財務戦略で会社を成長させようと思うならば、夢物語的な発想では不十分です。

経営は、論理的に数字を積み上げる考え方に立って動いていかなければ、うまくいかないものなのです。

繰り返しになりますが、経営計画書を作成するにあたっては「出店計画」「採用計画」をかならず押さえることを忘れないでくださいね。

4　売上計画・利益計画はどのようにつくっていますか？

売上計画は、資金調達のための利益計画がスタートライン

事業を行う以上は、売上や利益は欠かすことができません。

とは言え、売上計画や利益計画を立てることには、本質的な理由があります。

どのような理由なのか、ご存知でしょうか？

それには、将来的にやりたいことのために、目の前の売上や利益をつくるという発想が必要だからです。

このとき、売上から計画を立てる経営者が多いのですが、この点について、わたしは疑問に思います。

本当に必要なのは、次のような発想です。

・「来期この計画を達成するためには、何千万円・何億円の資金調達が必要である」

・「その何千万円・何億円の資金調達をするためには、今期少なくともこれくらいの利益が出せる決算に持っていかなければいけない」

つまり、売上より利益がスタートラインでなければいけないのです。

利益計画は、「黒字であればいい」というだけではない

売上計画や利益計画は、次の順番で考えていきます（図表2）。

（1）来期の事業計画を達成するためには、どれくらいの利益が必要なのか。
（2）その利益を残すために、固定費を考え、どれくらいの粗利益を残さなければいけないのか。
（3）当社のサービスにおける粗利益率は何%なのか。そして、この粗利益を残そうと思うのであれば、いくらの売上を達成しなければならないのか。

このような順番で考えれば、自ずと売上目標が決まります。

利益を考慮せずに1億円売り上げようと目標を掲げても、どれだけの利益が残るか把握しているのでしょうか？　そして、その利益で来期の資金調達ができるのでしょうか？

こういった発想で考える必要があるのです。

また、単に「決算を黒字にすればいい」というだけではありません。これはそもそも、「どうして決算をするのか？」ということにもつながる話です。

そもそも、会社は何のために決算をするのでしょうか？　それは、来期絶対に実行したい事業計画に必要な資金を調達するためです。

いくら黒字の決算を組むことができても、その決算で来期実行したい資金調達ができないのであれば、その決算は不十分であると言えるのです。

【図表２　決算着地と来季の売上・利益計画を考える順番】

決算着地を考える順番

（１）来期の事業計画（出店や採用など）のために、どれくらいの資金が必要？

（２）（１）の資金を調達するために、どれくらいの利益が必要？

★決算は、「来期実行したい事業計画に必要な資金を調達するため」に行うもの！

売上計画・利益計画を考える順番

（１）来期の事業計画達成のために、どれくらいの利益が必要？

（２）（１）の利益を達成するために、どれくらいの粗利益が必要？

（３）自社の粗利益率は何％？
この粗利益のために、いくらの売上が必要？
→単に、「決算を黒字にすればいい」というだけではない

★「売上計画」よりも「利益計画」のほうが大切！

売上計画よりも利益計画のほうが大切です。

「その利益計画のために必要な売上はいくらなのか」という順番で考える必要があるのです。

売上で語るのであれば、まずは10億円を目指す

ここまで利益が重要であるという話をしてきましたが、もし売上だけで判断したいのであれば、少なくとも売上が10億円を超えてから語るべきでしょう。

なぜならば、「売上10億円」というのは、銀行がその会社を判断するひとつの指標となるからです。10億円に満たなければ、売上1億円であっても9億円であっても、それほどの差はありません。

あくまでも、大切なのは利益なのです。

5　資金計画はどのようにつくっていますか？

資金計画の目的は、資金調達ではなく「事業計画の達成」にある

資金計画というものが大切であることは、経営者であればご存知でしょう。

ところで、資金計画と聞いたときに、どのようなことをイメージしますか？

資金計画における大きな勘違いは、お金を集めることがゴールであるという発想です。大切なの

はそうではなく、集めたお金でご自身が思い描く経営を自由にできるかどうかということなのです。別の言い方をすれば、資金計画はやりたいことを実現するために立てるものです。つまり、事業計画ありきなのです。

たとえば、来期の出店計画を決めて、そのためには何人を採用しなければならないのかを考える。そして、一店舗当たりの総投資金額がいくらになるのかを計算する。そうすれば、計画通りに出店するためにはトータルでいくら必要なのかが明確になります。

この合計金額が、新たな資金需要になるはずです。

そのようなイメージを持たないままに、ただ「1億円調達したい」、「2億円調達したい」と言っても、それは意味がありません。事業計画があったうえでの資金計画なのです。

お金を集めることがゴールという発想では、いざ1億円が集まったときにはじめて、「このお金を使って何をしようか？」と考えるようなことになってしまいます。それではいけません。

そもそも将来、何をしたいのかが明確に決まっていない状態で、銀行がお金を貸してくれるはずがありません。

銀行はかならず「資金使途」を聞いてきます。

「とりあえず、貸せるだけ貸してください」とお願いしても、まず実現することはないのです。

資金計画は、事業計画に基づいた資金需要から考えていくようにしましょう。

コロナ禍だからこそ、「平時の財務戦略」が大切

ところで、コロナ禍のような「嵐」のなかでは、借りられるだけ借りておきたいと考える経営者も多いでしょう。先が見えない状況では、たしかにそれは得策です。

ただし、コロナ禍という先の読めない状況においては、そもそも財務戦略は機能しません。財務戦略は、平時の状態を前提としたものでなければ意味がないのです。つまり、嵐のなかにいたとしても、平時の状態もイメージして計画を立てることも同時に行っておきましょう。

コロナ禍という特殊な状況のなかでは、集められるだけ集めておくのが正解です。

一方で、平時の状態もイメージして、不測の事態に備えておかなければいけません。

不測の事態に備えておくためには、少なくとも平均月商、つまり平均的な1か月の売上高の3か月分のキャッシュを持っておきましょう。

最低でもそれだけのキャッシュを持っておけば、たとえば隣にいきなり競合他社が出店してきたり、流行の業態に乗ってはみたものの、あっという間に商品需要がなくなってしまったり……といった短期的な収益の悪化に直面しても、生き延びることができます。

お金が減る理由を知り、短期的な収益悪化への対応を知る

それでは、短期的に収益が悪化してしまった場合、その3か月の間にやっておくべきことは何で

しょうか？　これを考えるにあたっては、「お金が減る理由」（図表３）を知っておく必要があります。

お金が減る理由には、①借入の返済、②赤字、③投資の３つがあります。

投資というのは、出店のことです。この３つの観点で、３か月の間にやっておくべきことをお話しします。

まず③の出店に関しては、「設備資金」を金融機関から借りて行うものです。絶対に、手元のお金で出店をしてはいけません。もちろん出店によってお金は減りますが、そのお金は設備資金として調達しますので、お金が減る直接の原因にはなりません。

短期的に収益が悪化しているときに出店を考える人はいませんから、「３か月の間にやっておくべきこと」として特段の考慮をしなくてもいいでしょう。

次に①の借入の返済ですが、もちろん借りたものは返さなければいけませんので、返済をすればお金は絶対に減ります。ですから、いざというときにはリスケジュールをして、借入の返済によるお金の流出を止める必要があります。これが、３か月の猶予の間に実行できることの1つになります。

そして、もう1つは、②の経常的な赤字への対応です。３か月の猶予の間に人員の整理などを行って損益を改善し、赤字を極力減らすような取り組みをしていきましょう。これも、３か月の猶予の間に取り組むべき、非常に大切なことです。ぜひ覚えておいてくださいね。

【図表３　お金が減る理由と対処法】

お金が減る理由と対処法

①借入の返済
→いざというときには「リスケジュール」でお金の流出を止める

②赤字
→人員の整理などで損益を改善し、赤字を減らす

③投資（出店）
→手元のお金を使わず、「設備資金」を調達すればお金は減らない

★コロナなどの不測の事態に備えるために、３か月分の売上高に相当するキャッシュを持っておく

6　グループ会社をつくるタイミングによって、成長スピードは変わる

「グループ会社」は年商10億円を突破してから考える

わたしはこれまで、クライアントが売上3億円から10億円へと向かうサポートをしてきました。そして、多くの経営者がこの10億円の壁をクリアしていきました。

じつは、この10億円の壁を順調にクリアした人たちには、共通する大きなポイントがあります。

ここで、実際に事業を拡大し、次のステージを上がっていった経営者の例をご紹介しましょう。

売上が3億円程度の会社は、役員報酬が月100万円、年にすると1200万円もらえるくらいのゾーンに入ってきます。売上が3億円くらいになってくると、それなりに金銭的な余裕が出てくるのです。

一方で、中小企業の経営者はいろいろな横のつながりがあるので、ビジネスの声かけをされることも多いでしょう。そのときに、声かけに乗って回り道をするのか、それとも本業以外のビジネスの声がかかったときにわき目も振らず本業に邁進できるかどうか。ここが大きなポイントなのです。

横のつながりを重視して、本来あるべき姿ではない小さな別会社をいくつもつくり、元の会社か

ら新しくつくった会社に1000万円ほどお金を貸したり、関連子会社をつくってグループ間の貸し借りが生まれるようなことをしていると、次第に貸借対照表が崩れていきます。

やはり、1つの会社を大切にして3億円の会社を5億円にしよう、10億円にしようとする会社が成長するのです。

3億円の会社を3つつくって、「グループで年商9億円です」と言ったところで、所詮は3億の会社が3つあるだけです。

それよりも、9億円の売上の会社を1社つくって売上10億円を目指すほうが、よほど成長スピードが早くなるのです。

じつは、税理士の立場からすると、9億円の会社と1社契約するよりも、3億円の会社と3社契約したほうが、顧問料が増えます。また中小企業の経営者にとっては、会社をいくつも持つことがかっこいいと思えるのかもしれません。

しかし、本業とは違うビジネス中心に中途半端な気持ちで会社をつくっていますから、会社がおかしくなっていってしまうのです。そのような事例は過去から現在に至るまで、山ほどあります。

「グループ会社をつくりたい」という発想は、いまの会社の売上を10億円にしてからでも遅くはありません。

まずはしっかりと、足元の事業を固めるところから進めていきたいものです。

第2章
財務戦略は適任者がつくっていますか？

1　やりたい事業をなりたい数字で予算化していますか？

「あまりにも遠い未来の将来像」では、現実味を感じられない

世の中にはいろいろなお考えの社長がいます。

「儲かることであれば、何でもやる」という人もいるでしょう。しかし、本来は得意なことにリソースを集中させるべきです。

会社という組織は役割分担で成り立っています。

それでは、社長が担う役割は何でしょうか？

トップの売上を上げて会社を牽引するのも大切なことですが、とくに中小企業の社長に求められるのは意思決定です。

意思決定者であり店長でもあり、お金まわりのことまで管理するような、1人で何役も担っているスーパーマンのような社長もたしかにいます。

しかし、それでは組織としてはどうしても限界があるでしょう。

わたしは財務戦略担当としてクライアントと関わっていますが、外注という立ち位置ではありません。

わたしは、「かならず社内に、わたしの分身になるような人を置いてください。社内で財務戦略に精通している人間をわたしが育てていきますから」と伝えています。

そのような取り組みをすれば、3年くらい経ってわたしとの契約がなくなったとしても自走できるようになるからです。

どちらの会社でも、経理担当として会計事務所の窓口になる人はいます。その経理担当者を、経理だけではなく、財務にまで精通するように育ててほしいのです。

社長がある程度の計画を立てて、社内で育成した財務担当者が会計事務所の窓口になり社長へ報告、そして社長が意思決定をする。そのような形になることができた組織は、間違いなく成長を加速できるでしょう。

財務担当者に必要なスキルは、「自分で会計をつくれること」

それでは、財務担当者として適任な人とはどのような人なのでしょうか？

これはあくまでもわたしの経験則なのですが、かならずしも経理業務の経験有無にこだわらなくてもいいと考えています。

1つのモデルを言えば、会計事務所に3年から5年ほど勤務し、税理士資格は持っていないけれども、申告書の作成くらいまではできるというレベルの人です。成長する企業というのは、このような人を採用することが多いのです。

財務担当者に必要なのは、会計事務所の担当者からの指示がなかったとしても、自分で会計をつくることができるというスキルです。

そのような財務担当者がいることで、スピーディーな経理処理を自社で行うことができるようになるのです。

ですから、たとえば会計事務所の経験者をヘッドハンティングして、その人に会社のすべての経理業務を任せるのも1つの方法です。

そして、次にその人が経理担当者の採用に関わり、自らがチェックする側に上がる。このような形になれば、ゆくゆくは会社に「経理部」を立ち上げることができます。

これは、「少なくとも売上10億円を目指そう」という会社や、「もうそろそろ売上10億円を達成できそうだ。そうすると、会計事務所に任せている経理のボリュームが多くなって、会計事務所に支払う顧問料が上がっていくだろう」という段階の会社であれば、考えるべきことです。

高い人件費を支払ってでも、経理責任者を採用して経理を内製化していけば、社内の経理処理スピードも早くなりますし、会計事務所に支払う顧問料も下がることになります。

そのほうが、将来的に見ても好ましいのではないでしょうか。

経理の内製化については、5章でもお話しします。ぜひご覧ください。

2　無借金経営は会社を潰してしまいます

無借金経営と実質無借金経営の違いを知る

有名な大企業が無借金経営であると聞いて、憧れる経営者は多いでしょう。ところが、じつは大きな勘違いをしている可能性もあるのです。

ここでお伝えしておきたいのは、「無借金経営」と「実質無借金経営」の違いです。

まず無借金経営とは、その名の通り、借入をしていない企業のことを言います。

そして実質無借金経営とは、たとえば「1億円の借入をしているけれど、キャッシュも1億円以上ある。だから、いざとなればいつでも返済できる。ただし返済してしまうとキャッシュが薄くなるので、いまは返済していないだけ」という状況を指すのです。

目指すべきは、「実質無借金経営」

巷に出ている本の多くは、無借金経営をおすすめしていますし、無借金で経営している大企業が多いことはたしかです。しかし、そのような企業も最初から無借金だったわけではありません。無借金経営に至るプロセスにおいては、絶対に実質無借金経営を経由してきたはずなのです。

【図表４　無借金経営が中小企業を潰す】

無借金経営が中小企業を潰す

無借金 ≠ **倒産しない**

Q．どちらのほうが倒産リスクがあるでしょうか？

A

現預金　５００万円
借入金　　　０円

B

現預金　１億円
借入金　９５００万円

Check Point
・ある程度の預貯金残高を持っていること
・借入金は長期返済（５年以上）で調達していること

Answer: A

★無借金経営の大企業も「実質無借金経営」を経由してきた
★利益を上げ続けて内部留保を積み上げる
★借金経営⇒実質無借金経営⇒無借金経営へ

↓

まず、「実質無借金経営」を目指しましょう

創業してから大企業へと成長するまでの間に、一度も借入をしたことがないという企業のほうが、ケースとしてはレアでしょう。

最初のうちは借入をし、現預金残高よりも借入のほうが多かった時期がかならずあるものなのです。つまり、一生懸命に利益を上げ続けることによって内部留保を積み上げ、まずは借金経営から実質無借金経営へと移行した。そして実質無借金経営からさらに進んで、最終的に本当の意味での無借金経営に移行していった。

無借金経営に至るまでには、このようなプロセスを通るものなのです。

名だたる会社の現在だけを見て、無借金経営こそが素晴らしいと勘違いをしていると、会社を潰してしまいます。ゴールは無借金経営であったとしても、それはできるだけ早い目標達成を目指した努力の結果であるという話です。もっと借入に対する抵抗感を下げましょう。

大切なのは、まず実質無借金経営になることなのです。

3　長期安定・成長経営の基軸は財務

景気がいいときほど、内部留保を厚くする意識を持つ

企業は、さまざまな状況に直面するものです。

景気がいいときもあれば、悪いときもあって当然でしょう。

景気がいいときにはどうしてもイケイケドンドンになり、利益すべてを投資に回してしまいたくなります。

しかし、そのようなときこそしっかりと内部留保を厚くして、利益を出していることを信用につなげ、銀行からお金を借りてレバレッジ経営をする形のほうが、会社は長生きするのです。

たとえば、利益が出ているからといって、その利益＝現預金を在庫に投入しすぎると、流行遅れになったり思った通りに売れなかったりしたときに、在庫を抱えて黒字倒産してしまいます。

長く経営をしていれば、常に右肩上がりの成長をするわけではなく、短期的な収益悪化という局面はかならずやってきます。そのようなときに銀行からの厚い融資によるキャッシュを持っていれば、乗り切ることができます。

長期経営をしようと思うのであれば、銀行と長いおつき合いをして潤沢なキャッシュを確保することによって、安心を買っておくべきなのです。

銀行との信頼関係構築に必要なのは、財務を基軸とした経営

一方で、景気の低迷により短期的な収益悪化に直面し、「経営状態が危機に陥ったときこそお金を貸すのが銀行の役割だ」などと思っているとすれば、考えを改めたほうがいいでしょう。

【図表５　戦略の流れ】

基本戦略から高等戦略へ

基本財務戦略

・調達力を上げ、キャッシュポジションを上げる
・調達をマネジメントし、上げたキャッシュポジションを維持する

高等財務戦略

・調達力を上げ、投資をする
・調達をマネジメントし、継続的な投資を可能にする

投資を早期回収し
資本を厚く積み上げる

★「財務」を基軸として、銀行との信頼関係を築いていくことが不可欠！

残念ながら、このような企業に銀行はお金を貸してくれないでしょう。

そうではなく、好景気で利益が出ており、キャッシュもしっかり持っている会社であれば、絶対に潰れないだろうということで、銀行はお金を貸してくれるのです。

長期にわたって安定的に会社が成長していくためには、財務を基軸として銀行との信頼関係を築いていくことが不可欠であるということを知っておきましょう。

4　顧問税理士の言うことを鵜呑みにしていませんか？

税理士は「税務」のプロであり、「経営」のプロではない

本書を読んでいる経営者の皆さまは、税理士とのおつき合いがあることでしょう。

ところで、税理士というのは何の「プロ」なのでしょうか？

もちろん、税金のプロです。しかし、「経営のプロなのか？」と聞かれれば、どうでしょうか。

決してそうとは言えないのではないでしょうか。

会計事務所の所長をしている税理士であれば経営者でもありますが、雇われている税理士であれば、雇われている人にすぎません。

中小企業の経営者からすれば、税理士というのは「最初に出会う、身近なプロ」ではないでしょ

うか。よほどのトラブルを抱えていない限り、経営者がいきなり弁護士と出会うことはありません。最初に出会うプロは、税理士なのです。

ですから、経営者の多くは、税理士の先生は何でも知っていると思ってしまいがちです。その税理士の先生が、節税による差別化でしか生き残れないような現状になってしまっているために、そのアドバイスを受けている経営者は「節税＝善」と思ってしまうのです。

しかし、節税をすれば企業価値を下げてしまうことになります。つまり、銀行から見て魅力的な企業であると感じてもらえなくなってしまうのです。このことは次項で解説します。

経営については、「経営のプロ」に相談すること

経営をしたいのであれば、経営のプロにアドバイスをもらうべきです。税金のプロには、税金の相談だけをするものなのです。とは言え、税理士にもプライドがあり、経営の相談をされたら、わからないとはなかなか言わないものです。

せっかく相談されたのだからと、専門ではない経営の相談に対して知恵を絞ってどうにか回答しようとします。

経営者は、それが答えなのかと思って一生懸命に取り組みますが、それでは成功確率は下がってしまうのです。正解かどうかもわからない、どうにか絞り出した答えを実行するのですから、当然

【図表６　税理士の限界】

近視眼的な税理士が増えた

なぜ財務が置き去りにされるのか？

税負担の軽減が税理士の役割と期待された結果

税理士の
限界

節税を
することに

企業利益を
上げないことに

納税を
抑えることに

税務会計中心の考え方が定着
実践的財務を支援することは専門外

★中小企業の経営者が最初に出会うプロ　＝　税理士
しかし、税理士　≠　経営のプロ
★節税は企業価値を下げる
⇒銀行に「魅力的な企業」と感じてもらえなくなる

の結果でしょう。

その結果、経営がうまくいかない場合、経営者は、税金が高いからというイメージだけを抱いてしまいます。税金が高いという愚痴や相談は、税金のプロにとってはうってつけの相談です。

社長からの「税金が高いのですが……」という相談に対するベストアンサーこそが、「それならば節税をしましょう」というものです。

つまり、節税に取り組むことで経営者と税理士の利害が一致してしまうのです。

そのような形で経営者と税理士が組んでしまえば、会社を潰す結果になりかねません。

はっきり言います。「財務経営」と「税務」はまったく別ものです。

そのことをしっかりとご理解くださいね。

5　節税ばかりをしていると、お金は出ていくばかり

節税によってお金が流出し、会社の存続が危うくなる

「節税をすると、結果としてお金がより多く出ていくことになる」と聞いて、「そんなはずはないだろう」と考える経営者は多いのではないでしょうか。

しかし、それが真理なのです。

たしかに昔であれば、「評価損」や「引当金」というお金の流出をともなわない節税方法もありました。

しかし、それはよくないということで、税法の改正により、このようなお金の流出をともなわない節税方法が次々とブロックされていきました。

ですから、いまの税法の下で節税をしようと思えば、漏れなく資金流出をともなわざるを得ないのです。

要するに、節税をすることでたしかに「税金」として出ていくお金の額は小さくなるかもしれませんが、節税を行うために会社から流出していく資金は非常に大きくなっていきます。

財務戦略でもっとも大切なことは、会社が存続し続けること、つまりは会社を潰さないということです。会社を強くして、どんなことがあっても潰れない会社をつくろうとしているにもかかわらず、節税をすることによってお金がどんどん出ていってしまうのであれば、本末転倒だと思いませんか？

意識を節税から納税をするという方向に向けていけば、たしかに税金という名のお金はたくさん出ていきますが、結果的に会社にお金が貯まり、強い会社になることができます。

しかも納税をすれば、利益が出ている会社だとみなされて、銀行からの評価も高くなります。

「やりたい経営」をするためには、喜んで税金を払いましょう

仮に１００万円や２００万円の節税をしたところで、「１００万円や２００万円が儲かった」という感覚しか得られません。

むしろ、１０００万円でも２０００万円でも税金を払いましょう。

そうすれば、間違いなく「億」というお金が銀行を介して会社に入ってきます。

たしかにそれは、借入かもしれません。

しかし、御社のビジネスの展開を考えたときに、「億」というお金と「信用」が入ってきたほうが、よほど「やりたい経営」に近づいていくのではないでしょうか。

わたしのクライアントは、喜んで税金を払っています。

なぜかと言えば、税金を払うことによる恩恵をしっかりと理解しているからです。

このような恩恵を知らずに節税をする人は、きっと「税金を払ったところで、国は何もしてくれないだろう」と思っているのかもしれません。

国が何もしてくれないと思ってしまうのは、ある程度は仕方のないことです。

しかし、税金というお金を払えば払うほど、銀行はお金を貸してくれるようになります。そこにはメリットしかありません。

節税と財務は真逆なのだということを理解することが大切なのです。

節税によって会社が大損、長期低迷してしまったケース

ここで、節税をしてしまったばかりに会社が大損をする、もしくは長期的に見て会社が低迷することになるパターンについてお話しします。

節税をするということは、利益を出さないということですから、先ほどお話ししたように、いざというときに銀行からお金を借りにくくなります。

会社はいつも経済的な環境がいいときばかりではありません。

一生懸命にがんばってはいても、まさにコロナ禍のように思うような売上が出せない状況も当然発生します。

こういったとき、もしこれまで節税をしてきたのであれば、それほど手元にキャッシュがあるわけではありません。利益も圧縮していますので、銀行も味方についていない状態です。

そうすると、どうなってしまうでしょうか。

たとえば社員の給料やボーナスを減らす、もしくは出さないといった、人件費の部分にしわ寄せがきてしまいます。

じつは節税に力を入れている社長には、「社員の雇用を守って自身の役員報酬を減らそう」という方向に考えられる人が少ないのです。

残念ながら、まずは自分を守ることを最優先しようという発想をする人が非常に多くみられます。

【図表７　節税のデメリット】

節税のデメリット

節税をする理由…「納税しても、国は何もしてくれない…」
「多額な納税をすることになりますよ」という
税理士からのささやき

しかし

節税＝利益を出さない
→いざというときに銀行からお金を借りにくく
なることに！

★キャッシュの流出をともなわない節税方法がなくなっている
∴節税は手元にキャッシュが残らない
→人件費へのしわ寄せにより社員が離れ、会社が
衰退することに…
→経営者の気持ちのゆとりも持てなくなる…

節税

ゆとりあるお金
「信用」

→どちらが大切ですか？

そうすると、結局は社員が離れていって、会社が衰退していくという流れになるのです。

さらに、節税をしすぎて手元にお金があまりない状態であれば、売上に対して非常にこだわるようになります。

たとえば週末に予約のキャンセルが入ると、怒りをあらわにしてしまいます。目の前の売上に非常にこだわってしまうのです。

経営者というのは、お金がなければ気持ちにゆとりが持てなくなるものです。

確率論ではありますが、節税ばかりをしながら順調に成長している会社は非常に少ないです。

この機会に、これまでの考え方を書き換えてみてはいかがでしょうか。

6　税金を払うほど、やりたい事業ができる

税金を払うほど、経営者が理想とする会社に近づいていく

これは、前項でお話しした、「節税ばかりをしているとお金は出ていくばかり」という理論とはまったく逆のお話です。

税金を払えば払うほど銀行からの評価が上がり、やりたいことができるようになっていきます。

そもそも税金を払っているということは、会社に潤沢なキャッシュがあり、なおかつしっかりと

した利益構造が確立されているという前提があります。

利益がしっかりと出ている会社であれば、銀行からの資金援助が期待できますので、手元の資金と銀行から借りたお金を合わせた潤沢な資金を確保することができるでしょう。

そして、やりたい事業を進めることができるという好循環に入っていきます。

そのような好循環に入れば、社長は無理やり手元資金を削ることなく、手元資金をしっかりと確保しつつ、やりたい事業に向けた潤沢な資金の融資を受けられることになります。

ですから、目の前の結果を追わなくてもいいことになるのです。

やりたい事業というのは新規の事業でしょうから、当然リスクをともないます。

最初はうまくいかないケースのほうが多いのかもしれません。

そのようなとき経営者は、「信じた方向へ向かっていれば自ずと結果は出てくるだろう」という精神的・時間的なゆとりを持てなくなってしまいがちです。

経営者の精神的・時間的余裕が会社の成功につながる

納税をして潤沢な資金を確保できていれば、最初は不安に思う新規事業であっても、「2～3か月で軌道に乗せればいい」という精神的・時間的な余裕を持つことができます。

社員に対して厳しく接することもなくなるでしょう。

【図表８　税金を納めるメリット】

税金を納めるメリット

税金を納めている＝潤沢なキャッシュがある、
利益構造が確立されている
→銀行からの資金調達が期待できる

つまり

手元の資金と合わせて潤沢な資金が確保できる
↓
やりたい事業ができるという好循環

★新規事業でも精神的・時間的なゆとりが持てる
★世の中に受け入れられて、さらなる成長を遂げる

→ **経営者の理想の会社に近づいていく**

わたしは、「信じて大丈夫だ、この方法を続ければ成功する」という経営者の心の余裕、時間的な余裕が、結果的に社員に安心感を与え、そして成功に向かっていく例をたくさん見てきました。

税金を払えば払うほど金融機関が資金的な援助をしてくれるので、やりたい事業ができるのです。

そもそも経営者になろうと思ったのは、節税をしたいからではなかったはずです。

やりたい事業を思いっきりやるためではありませんでしたか？

手元の資金がないために、やりたいことを信じて取り組むことができないとすれば、それは非常にもったいないことでしょう。

税金を支払えば支払うほど、社長が理想とする事業に次々と取り組んでいけるようになります。

そのような企業のほうが、結果的に世の中に受け入れられて、さらなる成長を遂げていくのではないでしょうか。

7　「節税」から軌道修正するための期間は？

節税からの軌道修正は、直近の決算まで時間をかけましょう

もしあなたの会社がこれまで節税に走っていたとしたら、どのように軌道修正をしていきますか？　実際、そのようなご相談を受けることが多いのです。

わたしの場合は、節税していた会社を軌道修正するために、少なくとも「最初の1回の決算」まで時間をかけます。

ですから、ご相談を受けたタイミングが決算を終えてすぐなのであれば、「新しい期の決算で、しっかりしたものをつくっていきましょう」ということになるので、その場合はほぼ1年をかけることになります。

もしいまが2月で、6月末が決算だとすれば、まだ決算まで数か月もあります。その時点で利益が出ているのであれば、いまお願いしている税理士が「保険に入りましょう」などといろいろな声かけをしてくるでしょう。そのような提案はすべてブロックして、決算に向かいましょう。そのままの形で着地させるのです。直近の決算まで数か月あるのなら、まだまだ軌道修正できます。

8　経費に「できる」のであれば、経費にしない

無理な節税は、銀行の評価や税務署の心証を悪くする

決算を考えるときに、「経費をどうするか」ということは外せませんね。

じつは税法は、「経費にすることが『できる』」という規定が大半なのです。「経費に『しなければならない』」ということであれば選択の余地はありませんが、「経費に『できる』」ことをいかに

合法な範囲内で経費化し、利益を圧縮するか。それが、「節税競争」というものなのでしょう。

わたしは、「経費に『できる』」と言っているのであれば、「敢えて経費に『しない』」という選択をすることがあります。

そのようにすれば、銀行は決算書を見るだけで会社をそのままイメージすることができます。むしろ、そのようにならなければいけないのではないでしょうか。

税金の世界だけの考えをこねくり回すから、社長の言っていることと数字がリンクしなくなってしまうのです。

また、ギリギリまで経費にしすぎてしまうと、税務調査のときに調査官との見解の相違が起きてしまい、場合によっては「（節税の）やりすぎ」と言われてしまう可能性があります。

「それはあなたの会社の理屈であって、税務署としては認められません」いうことになり、ペナルティを受ける可能性もあるので、気をつけてくださいね。

無理な節税をやめれば、税務調査も怖くない

経費に「できる」ところを経費にしなければ、急激に利益が出ます。そうすると、税務調査が入る確率が若干高くなります。

世の中の会社はなかなか利益が出ないなか、わたしのクライアントはたくさんの利益を出していま

【図表9　無理な節税をやめれば……】

大半の税法上の規定

×・・・経費に「しなければならない」

○・・・経費にすることが「できる」

⇒「敢えて経費に『しない』選択も必要

∵①銀行が、決算書を見るだけで会社をイメージできる

②税務調査官との「見解の相違」が起こらない

無理な節税をやめれば、税務調査も怖くない！

⇒「もっと経費に計上できて、税金を安くできるのに・・・」と、
問題が何も出てこないので、税務調査官へのお土産はナシ

⇒逆に、節税をやりすぎると「ペナルティ」を受けることも・・・

節税をやめる＝税務調査も怖くない

すので、不思議に思われてしまうのでしょう。

しかし、いざ税務調査が入ったとしても「もっと経費に計上できて税金を安くできるはずなのに、していない。逆に珍しい」ということになり、何も出てこないのです。

税務調査は、税法で認められている以上のことをやりすぎると「これは違うでしょう、もっと税金を払いなさい」となるものです。

「本来はもっと経費にできますよ、税金を払いすぎているからお金を返しますね」と言ってお金を返してくれるような税務調査はありませんね。

無理な節税をしていなければ、税務調査はあっさりと終わります。いわゆる税務調査官への「お土産」もありません。

税金をしっかりと払っていれば、税務調査を怖がる必要がまったくありません。

敢えて節税をしないことで、このようなメリットがあることも知っておきましょう。

9　財務が見えにくい業種・事業形態ではお金が残らない

財務が見えにくい会社とは、貸借対照表がおかしい会社

経営する会社にお金が残らないという事態は、社長であれば当然に避けたいことですよね。

それでは、財務が見えにくいというのは、どのような意味だと思いますか？

それは、「貸借対照表がおかしい会社」という表現に置き換えればよりわかりやすいでしょう。

どういうことなのか、解説しますね。

1社だけであれば、その会社の貸借対照表や損益計算書を見ればだいたいのことはわかります。しかし、関連会社を3つや4つも立てれば、たとえば「その他流動資産」の「短期貸付金」や「未収入金」に残高があったり、「仮払金」や「出資金」、「投資有価証券」という勘定科目があったりするなど、借りてきたお金の行き先がおかしくなってしまいます。

これは、どこの会社で何が行われているのかがわからない状態です。

1つひとつの会社にはもちろん決算月があります。

しかし、関連会社をたくさん立てているような会社は100％と言ってもいいくらい、各社の決算月をずらしています。12月や3月に決算を統一しているほうが稀です。

それはなぜか。言葉を選ばずに言えば、実態を見えなくさせるためです。

複数の関連会社の決算月が一緒であれば、いわゆる「表と裏」が一致して然るべきでしょう。しかし、決算月をわざとずらし、「資金のキャッチボール」「売上のキャッチボール」「経費のキャッチボール」「利益のキャッチボール」をすることによって、実態が見えなくなるのです。

要するに、本当はお金が1億円しかないのに決算月をずらし、決算月ごとにその1億円をA社からB社、B社からC社と移動させることで、1億円が3億円や4億円に見えるように操作するのです。

「実態のわからない会社」を脱却し、銀行からの信頼を上げましょう

このようにグループ関連会社をいくつもつくり、なおかつ決算月をずらすことで金融機関に対して実態をわからなくさせているような会社は、金融機関からすれば「実態がわからないから、お金を貸せません」ということにつながってしまいます。

もし、どうしてもグループ会社をつくりたい、もしくは、もうすでにつくってしまったということであれば、（もしできるのであれば）せめて決算月を合わせてはいかがでしょうか？

これは、実際問題としてなかなか難しいことではありませんか？

なぜなら、本当は合わせたいものの、合わせてしまえばすべてが「わかって」しまうからです。

しかし、わからなければ銀行はお金を貸してくれません。

そのことは知っておいてくださいね。

基本的に、グループ関連会社を立てて会社ごとに決算月をずらしている会社もしくはグループには、融資はつきにくいものです。

決算書のうえではお金が残っているように見えても、それは1つのお金をキャッチボールしてい

ることが非常に多く、実際は、お金がないということだからです。

「現金」という勘定科目には要注意

財務戦略において非常に大切なことの1つが、貸借対照表をいかにきれいにしていくかどうかであるということを、ご理解いただけたでしょうか。

先ほどのグループ関連会社以外で大切な勘定科目をお話しすると、それは「現金」です。

現金はもちろん、普通預金とは異なります。

普通預金という勘定科目は、預金の残高そのものです。100社あればほぼ100社すべて、基本的には「普通預金＝通帳の残高」なのです。これには明確なエビデンスがあります。

しかし、たまに「現金」という勘定科目の残高が数百万円、場合によっては1000万円を超える会社があります。現金というのは、社長個人で言えば「財布の中身」であり、会社で言えば「金庫のなか」です。

昨今、これだけの銀行取引やネットバンクがある世の中で、金庫のなかに1000万円を寝かせている（タンス預金）会社を、わたしは見たことがありません。ところが、通帳から引き出して、現金で置いている理屈を主張する社長が実際にいるのです。

実際、社長に札束を見せてくれるように言っても、見せてはくれません。

タネ明かしをすれば、そのほとんどが、社長が個人的に使い込んでいるお金ということです。

いわゆる「使途不明金」を、行き場がないために「現金」という科目に置いてあるという状態なのです。

そのようなものが、決算書のうえに存在してしまっているのです。

これは本来、「社長に対する貸付金」という勘定科目にして、社長の役員報酬から時間をかけて返済していくしかありません。

このように貸借対照表のずさんな会社は、財務戦略に取り組んだとしてもなかなか結果を出すことができません。

銀行は経営者のモラルを疑うでしょう。

銀行は、そのようなところをよく見ています。売上がいいからといって、高い評価をしてくれるわけではありません。

大切なことなので繰り返しますが、財務戦略に取り組んで、銀行としっかり取引をしていこうと考えるのであれば、まずは貸借対照表を「わかりやすく、きれいに」することが必要なのです。

売上や利益を伸ばすことも大切ですが、その前に貸借対照表をきれいにする必要があるでしょう。

放漫経営がどこにあらわれるのかと言えば、それはまさに貸借対照表なのです。

【図表10　財務が見えにくい会社のポイント】

財務が見えにくい会社

財務が見えにくい会社＝貸借対照表がおかしい会社

①複数の関連会社があり

短期貸付金
立替金
仮払金
出資金
投資有価証券

などの勘定科目に残高がある会社

→関連会社との「資金」「売上」「経費」「利益」の
キャッチボールによって、実態が見えなくなる

★銀行は「実態のわからない会社」にはお金を貸さない

②「現金」に多額の残高がある会社
→「社長の使い込み」と見られ、モラルを疑われてしまう

まずは、貸借対照表を「きれいに」しましょう！

第3章

資金繰りの仕組みと仕掛けをつくっていますか？

1　節税に熱心すぎると、銀行の評価は下がってしまう

銀行の評価を高めるには「自己資本比率」を上げること

本章では、資金繰りにおいて大切な役割を担う金融機関との関わりなどを中心に解説していきます。

ビジネスの基本は、「ヒト」「モノ」「カネ」ですね。肝心のお金について金融機関からいい返事がもらえなければ、資金繰りが気になってしまい、いつまで経ってもやりたい経営ができません。

節税が金融機関の評価を下げてしまうことについては前にもお話ししましたが、これは非常に大切なことなので、少し補足しますね。

節税を一生懸命に行うということは、その分、利益の積み上げがないということです。

そうすると、貸借対照表上の「純資産の部」における自己資本比率が厚くなっていくことはありません。

自己資本比率が厚くならないということは、ちょっとしたトラブルが起きて赤字決算を組んだ瞬間に債務超過になったり、少し融資を受けただけでさらに大きく自己資本比率が下がったりしてしまいます。

自社の自己資本比率を見直してみよう

自社の貸借対照表をこまめに確認していますか？

自己資本比率も含めて、一度見直してみてください。

盤石な体制の会社を築いたり、多少大きな融資を受けても財務が脆弱にならないような形をつくるためには、しっかりと自己資本比率を高める必要があるのです。

ところが、節税に躍起になっていると、そのような体制を築くことができません。

いずれにしても、「対銀行」を考えたときに、節税という行為にはなにもいいことがないということを改めて知っておいてほしいのです。

2　十分な資金があってこそ、売上・利益に目が向く

十分な資金を持たない経営者は、前向きな発想には向かえない

ここはまず逆説的に「十分な資金がないケース」からお話をします。

潤沢な資金を持たない経営者がどのような発想になるのかと言えば、「日々の資金繰り」に頭の大半を取られてしまいます。

たとえば、「あの売掛金の回収は大丈夫なのか？」、「今月末の支払いはいくらあるのか？」、「今

週末の予約はどれくらい入っているのか？」、「今月の売上はどうなっているのか？」などといったことが、いつも頭のなかを占めている状態です。

経営者の頭のなかは、まさに「自転車操業」なのです。

そのような状態になれば、「よりよいサービスを提供しよう」「よりよい福利厚生を与えて社員満足度を高めよう」などといったことに発想を向けることはできないでしょう。

資金繰りから解放されれば、好循環に入っていく

借入が５０００万円しかない会社は、借入の金額が少ないからと言って安心しているでしょうか？

決してそのようなことはありません。借入が５０００万円だけでも、もし現預金が１０００万円しかなければ「キャッシュが１０００万円しかない」という方向に意識が向いてしまいます。

そして、資金繰りに一生懸命取り組まざるを得ない状態に陥るのです。

一方で十分なキャッシュがあれば、何億円の借入があったとしても資金繰りに意識を取られるようなことはありません。仮に5億円の借入があったとしても、2億円や3億円のキャッシュがあれば、借入を「借入」などとは思わないでしょう。

借入金額は５０００万円と比べると10倍ですが、それ以上に2億円や3億円という潤沢なキャッ

シュに守られているため、「勝手に資金が回っている」という考えになれます。つまり、資金繰りから解放されているのです。

資金繰りから解放されれば、会社が潰れる・潰れないという心配をする必要がありません。ですから、「よりよいサービスの展開を考えよう」、「もっと社員満足度が上がるようなしくみをつくることに時間とお金を使おう」と思えるようになります。その結果、売上や利益がますます伸びて、社員の定着率も高くなるという好循環に入っていくことができるのです。

「借入が少ない会社＝いい会社」ではありません。

いい会社というのは、どれだけ借入をしていても潤沢なキャッシュに守られていて、社長の精神衛生が非常にいい状態のことをいうのです。

資金繰りから解放されて、会社の安定や成長に専念していきましょう。

3　会社にキャッシュがあると強い態度でいられる

キャッシュがあれば、安売りをしたり理不尽な値引き交渉に負けたりしない

会社にキャッシュがあると、どのようなメリットがあると思いますか？

もちろんメリットを挙げればキリがないのですが、１つ大切なのは「理不尽な値引き交渉に負け

る必要がなくなる」ということです。

つまり、安売りをする必要がなくなるのです。

一方で、会社にお金がなければ今日明日の売上が気になって仕方ないため、「値引きをしてでも売ったほうがいいのではないか」という発想がわいてしまいます。

たしかに、値引きをすれば売りやすくなるのかもしれませんが、残念ながら利益は残りません。結局は悪循環に陥ってしまうのです。

仕入の交渉において、「もう少し仕入値を上げてほしい」と言われたとします。そのとき、会社に十分なキャッシュがあれば、そのような安易な申し出に対してＮｏを言うことができます。

仕入れるものが唯一無二のものであれば仕方ありませんが、そうでなければ、「その価格では受け入れられません。ほかを探します」と強い態度に出ることができるのです。

つまり、潤沢なキャッシュがあれば、利益を守ることを基準とした対応ができ、交渉に対して弱腰にならずに済むのです。

一方でキャッシュがなければ、そのような交渉に対してたやすく折れてしまいます。

そして、悪循環が繰り返されてしまうのです。

会社に資金があることによって、経営者は強い態度を保つことができ、会社も好循環の流れに入っていきます。キャッシュがあることには、さまざまなメリットがあることを、いつも念頭に置きましょう。

4　銀行は決算書を見れば、経営内容のすべてがわかる

決算書の矛盾は、貸借対照表にあらわれる

経営者であれば、「銀行面談」というものを経験したことがあるでしょう。

こと面談においては、多くの経営者はトークに長けているものです。

しかし、話している内容と直近もしくは過去の決算書がリンクしないことも多くあります。

「この社長の言うことが本当に数値化されているのであれば、このような決算書にはならないはずだ」というケースが非常に多く見られます。

そのような「不一致」がどこにあらわれるのかと言えば、貸借対照表なのです。

銀行から借りたお金の使い道が、まさに貸借対照表にあらわれます。

たとえば、現金勘定があまりにも膨れ上がっている、同じ取引先・同じ金額の売掛金が２～３期前からずっと載ってしまっている、ということはよくあります。

「短期貸付金」という勘定科目にあるお金は誰に貸しているのか聞いたところ、社長自身に貸していたということもあります。

さらに、サービス業なのに「車両運搬具」という勘定科目があり、それがじつはベンツだったなどといったケースも多くみられます。

ベンツであれば高級実用車にも該当しますが、もしポルシェやフェラーリなら、会社を完全に私物化していると言われてしまっても仕方ありません。

その「私物化」する際の財源が銀行からの借入だったということも、往々にしてあるのです。

このように売上や利益とはまったく関係のない話であっても、モラル面に課題のある会社を、銀行は絶対に応援してくれません。

ですから、「決算書を見れば」というよりも「決算書（貸借対照表）を見れば、銀行は会社の経営内容がわかる」と表現したほうがいいのかもしれません。

貸借対照表を見れば、「経営者の姿勢」がわかる

このようなモラルの低さが銀行にばれてしまうポイントには、2つあります。

それは、「その他の流動資産」と「投資その他の資産」です。

先ほどお伝えしたフェラーリは「有形固定資産」の「車両運搬具」というところに該当します。

もっとも、このようなケースは滅多にありません。

いきなり会社のお金でフェラーリを購入する社長は、かなり稀でしょう。

むしろ、「その他の流動資産」における「仮払金」や「短期貸付金」、「投資その他の資産」における「投資有価証券」のほうが重要です。これらの勘定科目には、経営者のモラルが疑われかねない取引が含まれるからです。

ちなみに「投資その他の資産」には、「保険積立金」も含まれます。節税の最たる例なので、これも重要であると言えます。

なお、「貸付金」や「投資有価証券」などの勘定科目については次項で詳しくお話しします。

決算書には、経営者の姿勢がすべてあらわれる

「銀行は決算書（貸借対照表）を見れば、『経営者の姿勢』のすべてがわかる」と言い換えてもいいでしょう。

「経営」というのは、「経営者そのもの」をあらわします。

重要なのは「ヒト」なのです。

経営内容には、経営者の姿勢があらわれます。

ずさんな管理体制や公私混同などが、貸借対照表からすべてわかってしまうものなのです。

金融機関から経営者としての姿勢を疑われてしまえば、財務戦略上プラスになることはありません。「貸借対照表はきれいにすること」を心がけましょう。

5 「貸付金」「投資有価証券」などの勘定科目について

貸し付け、出資などの勘定科目は経営者のモラルを疑われやすい

前項で、金融機関から経営者のモラルを疑われる恐れがある勘定科目には「その他の流動資産」や「投資その他の資産」があるというお話をしました。

とくに、「その他の流動資産」における「短期貸付金」、「投資その他の資産」における「長期貸付金」「投資有価証券」「出資金」には注意が必要です。

そのことについて、少し詳しくお話しします。

もっとも問題になるのは、グループ関連会社への貸し付けや出資です。

「投資有価証券」といっても、上場企業株式への投資ではありません。

先述したように、中小企業の経営者はグループ関連会社をたくさんつくりがちです。

本来は自分のお金を支出すればいいのですが、身銭を切りたくないために、会社のお金を使ってしまうのです。

ほとんどの経営者は、会社のお金をグループ会社への貸付金もしくは資本金として充当します。

しかも、銀行から借りたお金を原資にしてしまうこともあります。

それが貸し付けであれば、「短期貸付金（その他流動資産）」もしくは「長期貸付金（投資その他の資産）」になり、出資であれば「投資有価証券（投資その他の資産）」や「出資金（同）」になります。出資の場合は、「１００％出資子会社」をつくるようなイメージです。

金融ビジネスとは、金融機関が企業に融資や出資をして利ざやなどを稼ぐことを指しています。その金融機関から調達したお金を使って貸し付けなどをするということは、「あなたの会社は金融業を行っているのですか？」という話になってしまいます。

ですから金融機関は「貸付金」などの勘定科目に対しては、非常にナーバスになるのです。

この点を、よく把握しておいてください。

金融機関の心象を害する貸出金、害さない貸出金

ところで、すべての「貸付金」という勘定科目が金融機関の心象を悪くするのかと言えば、そうではないケースも存在します。

たとえば、採用した優秀な社員が地方から出てくる人だとしたら、賃貸住宅を借りなければいけません。

その際に、支度金のような形で引っ越し費用の一部を貸すようなケースはあるのではないでしょうか。

このようなケースであれば、「貸付金」という勘定科目であっても計画的なものですし、銀行も理解してくれます。

引っ越し費用ですから、金額にしてもせいぜい30～50万円くらいでしょう。

その貸付金の回収は、毎月2～3万円を給与天引きすることで返済してもらうなどといった方法をとることができます。

一方で、社員への貸し付け理由が、給与の前貸しだとしたら問題になります。なぜならば、「給与を前貸ししなければならない社員というのはどのような人なのか？」、「そうしなければ生活できないくらい給与が少ないのか？」という話になってしまうからです。

さらに、社長個人にお金を貸すような場合も公私混同を疑われます。

もちろん「貸付金」という勘定科目を使うこと自体は、経理上、当然認められるものですが、銀行からの心象は決してよくありません。

もし、第三者に対して行っていないとしたら、「社長だから、自分の会社だから、貸し付けをしているのではないですか？」と、まさに公私混同であると見られてしまいます。

銀行はこのようなことを非常に嫌います。

金融機関からの心象を悪くしないよう、「貸付金」などの勘定科目の使い方には細心の注意を払いましょう。

6　補助金・助成金はどんどん使ったほうがいい

使える補助金や助成金は、しっかりと権利行使する

金融には、お金を必要とする企業に対して預金者から借りたお金を銀行などが貸し出す「間接金融」と、出資者が直接お金を出す「直接金融」があります。

日本でも最近は、「直接金融」が知られるようになってきましたが、まだまだ投資家が育っているとは言えません。

ですから、どうしても資金調達の入り口としては銀行融資に頼らざるを得ないのが実状です。しかし、どれほどいいことを言ったとしても、「借入＝債務」であることに変わりはありません。借りたものはかならず返す必要があります。

一方で、補助金や助成金というのは一方通行のお金ですから、もらいっぱなしのものです。返済する必要がありません。ですから、もらえるものに対しての「権利行使」はしっかりと行うべきです。会社のキャッシュポジションを上げる方法は、かならずしも借入だけではありません。

補助金や助成金がいい・悪いという話ではなく、権利行使ができるものは積極的に活用したほうがいいことを、ぜひ覚えておきましょう。

補助金や助成金にはデメリットはない

補助金や助成金は、使える権利として行使したほうがいいでしょう。むしろ、どんどん使うべきです。

「補助金や助成金を受けることによって、たとえばモラルを問われるなどといったデメリットはあるのか？」という質問を受けることもあります。

そもそも、補助金や助成金にはそれぞれ利用するための要件があります。会計事務所を抱え込んで不正に受給することなどは論外ですが、補助金や助成金には「グレーゾーン」というものはありません。要件が合うのであれば、当然の権利として行使していいものです。

要件が合わなければ、そもそも受けられないだけの話です。

税務調査とは異なり、補助金や助成金には「見解の相違」というものがありません。

不正なものはそもそも受給する権利がないため、受けられるものは受けてもまったく差し支えありません。

もし、補助金や助成金を受けすぎているために融資が通らないということがあるとしたら、それはおかしな話ですし、そのようなことは起こりません。権利行使をしているだけです。

補助金や助成金を多く受けているからといって融資に悪影響はありませんので、そこは安心してご利用くださいね。

7　売上10億円を超えると、資金調達力は強くなる

売上10億円を超える会社は「倒産確率が低い」と見てもらえる

金融機関は、どのような会社を存続力が高いと見るのでしょうか？

存続力が高いということは、倒産確率が低いと見られていることをあらわします。

経営者であれば、気になるところですよね。

その答えは、一定の規模感の会社であることです。

そして、この一定の規模感を測っている基準の1つが「売上10億円」なのです。

たとえば、わたしの運営する会社のようないわゆる「サービス業」には、原価がありません。

売上が1億円であれば、粗利も1億円になります。一方で、世の中には「売上10億円、原価9億円、粗利1億円」という会社もあります。

この2つの会社の粗利は同じ1億円ですが、どちらのほうが銀行からの調達力があると言えるでしょうか？

それは、間違いなく後者（「売上10億円、原価9億円、粗利1億円」）です。

売上10億円、粗利1億円の会社のほうが、資金調達力が高いのです。

なぜ、そのように判断されるのでしょうか。

たとえば、売上1億円、粗利1億円の弊社でわたしが交通事故などによって入院した場合、ダイレクトに売上が下がります。売上が半分になれば、当然に粗利も半分になります。売上構造が、そのようになっているからです。

ちなみに、IT産業に代表されるような高収益企業も、多くの事例として翌年に売上がいきなり3分の1になることがあります。

しかし、売上10億円、原価9億円、粗利1億円の会社は、もし売上が半分になったとしても、かならずしも粗利が半分になるとは限りません。

なぜなら、売上が半分になったときに、「いま大変なので、仕入値を下げてほしい」、「外注費を下げてほしい」といった交渉の余地がまだあるからです。

そのため、売上が半分になったからといって粗利が5000万円になるのではなく、うまくいけば、6000~7000万円になる可能性もあるのです。

売上が上がれば上がるほど、このような交渉の余地が出てきます。

そして、売上が10億円ある会社は、いきなり売上が半分にはなることはありません。

すでに7割程度の安定した売上のベースがつくられているからです。逆に言えば、そのようなベースがなければ、売上10億円にはなかなか届かないものと言えます。

「一定の規模感」の会社は、与信枠も拡がる

このように売上規模が高ければ、それだけのベースがきっちりと構築されている会社なのだという裏づけにもなり、資金調達力、言葉を変えれば銀行の「与信枠」が1・5倍くらいに大きく上がります。

これが、売上が10億円を超えることと資金調達力との密接な関係です。

1つの大きな目標として、クリアしていただければと思います。

8　銀行が貸したくなるのは、事業内容よりも税引前利益率

銀行は、かならずしも利益の「額」だけを見ているわけではない

冒頭のタイトルで「銀行が貸したくなるのは事業内容よりも税引前利益率」と記載しました。念のために言っておきますが、「事業内容よりも」とは言っても、もちろん公序良俗に反するような事業内容ではないことが大前提です。

通常の事業であれば、銀行は貸したお金を返してもらえればそれでいいのです。

そして、企業が借りたお金を返済するための財源は、もちろん利益ですね。

それでは、銀行は、利益を金額で測るのでしょうか？

じつは、あながちそうだとばかりも言い切れないのです。どういうことなのか、説明しますね。

前項で、弊社のような「粗利１００％」の会社についてお話をしました。

このような会社の、粗利から下の「販管費（販売費及び一般管理費）」は何なのかといえば、一般的には人件費や家賃などといった、いわゆる「固定費」を指します。つまり、粗利率が高ければ高いほど、最終的な税引前利益というのは当然高くて然るべきでしょう。

逆に、売上10億円、粗利1億円の会社は、粗利率が10％の会社ということになります。粗利から固定費を引くため、どれだけがんばっても10％の利益は残りません。

つまり粗利率が低い会社、たとえば粗利率10％の会社の場合、それを上限として下がっていくため、きちんと経営をしていたとしても税引前利益率は3％～4％という低い水準となります。

粗利率１００％を前提に下がる会社と粗利率10％の会社とでは、スタート地点が違うのです。

利益の額だけで測るわけではない、というのは、そういうことなのです。

粗利率ごとの、目指すべき「税引前利益率」

それでは銀行はどこを見ているのでしょうか。

答えは、利益の「額」と、それ以上に「粗利率○○％の会社が、『税引前利益率』をどれくらい残しているのか」という相関関係を見て、公私混同が入っていないきちんとした会社なのか、公私混同が入っている会社なのかという点です。

ですから、数字的な目標としては、次の粗利率に対して、これだけの税引前利益率を残してください。

- 粗利率100％の会社であれば15％
- 粗利率70％であれば10％
- 粗利率50％であれば7％
- 粗利率30％であれば5％
- 粗利率30％以下であっても3％

これが、じつは非常に大きなポイントなのです。

財務的視点での決算においては、「利益さえ出ていれば、それがいくらであっても利益には変わりないですよね」という話ではありません。

銀行評価を高めようと思うのであれば、御社の利益構造、すなわち粗利率○○％の事業であるということを勘案して、少なくとも対売上比率として何％の税引前利益を出しておいたほうがいいのかという基準があるのです。

これはノウハウでもあり、非常に大事なポイントでもありますので、この比率をぜひ覚えておいてください。

節税は、基準となる税引前利益率を確保したうえで行いましょう

話は横道に逸れますが、顧問税理士の先生が、「今回の決算で100万円の税金を払うことになります。節税するのであればこのような方法がありますが、どうされますか？」という質問をしてきたとすれば、それは極めてナンセンスな会話です。

この例のように、「税金を100万円払うことになりますので節税をしましょう」というトークをする税理士はよくいますが、その100万円が高いという感覚はどこから来るのでしょうか？

それは、顧問税理士個人の金銭感覚として、100万円の税金は高いと思っているからにほかなりません。

経営者によっては、「100万円の税金を払うくらい、何でもない」という考えの人もいるわけです。

少なくともわたしは、そのようなアドバイスはしません。

「あなたの会社は粗利率○○%の事業をされていますから、銀行評価を高めようと思うのであれば、少なくとも税引前利益率をｘｘ%くらい確保しておいたほうがいいですよ。それを数字に置き換えるなら、△△△△万円ですね。いまこの状態で節税など絶対にやってはいけませんよ」という話をするでしょう。

決して節税を100%否定しているわけではありません。

【図表 11　目標「税引前利益率」】

粗利益率に応じた、目標「税引前利益率」

銀行評価を高めるために、粗利益率（売上総利益率）に応じて
以下の税引前利益率を目標にしましょう

粗利益率（売上総利益率）	税引前利益率
１００％	１５％
７０％	１０％
５０％	７％
３０％	５％
３０％未満	３％

★節税（課税の繰り延べ）をする場合は、
この率を下回らない範囲で行いましょう！

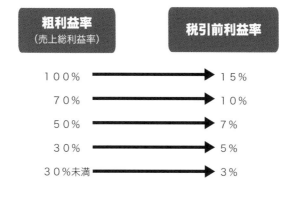

余りあるパフォーマンスを残しているのであれば、先ほどお話ししたパーセンテージを下回らない範囲で課税の繰り延べ、いわゆる節税をやってもいいですよとお伝えしているのです。

9　銀行の官民の違い、規模の違いで攻め方は変わる

政府系金融機関、民間の金融機関などの分類

まず、ひと言で銀行と言っても、いろいろな種類があります。

まず民間の金融機関として、「○○銀行」というものがあります。「官」の代表と言えば、政府系の金融機関である日本政策金融公庫です。

ほかには、半官半民の商工中金（商工組合中央金庫）というものもあります。

民間の金融機関を規模の違いで分類すれば、信用金庫、地方銀行、メガバンクなどがあります。その種類によって、攻め方、つまり「いくらくらい貸してほしい」という「打診の仕方」が変わってくるのです。

金融機関ごとに、融資相談をする金額は異なる

たとえば信用金庫に1億円貸してほしいと言えば、担当者としては嬉しい反面、困ってしまうで

【図表 12　金融機関のマネジメント・ゴール】

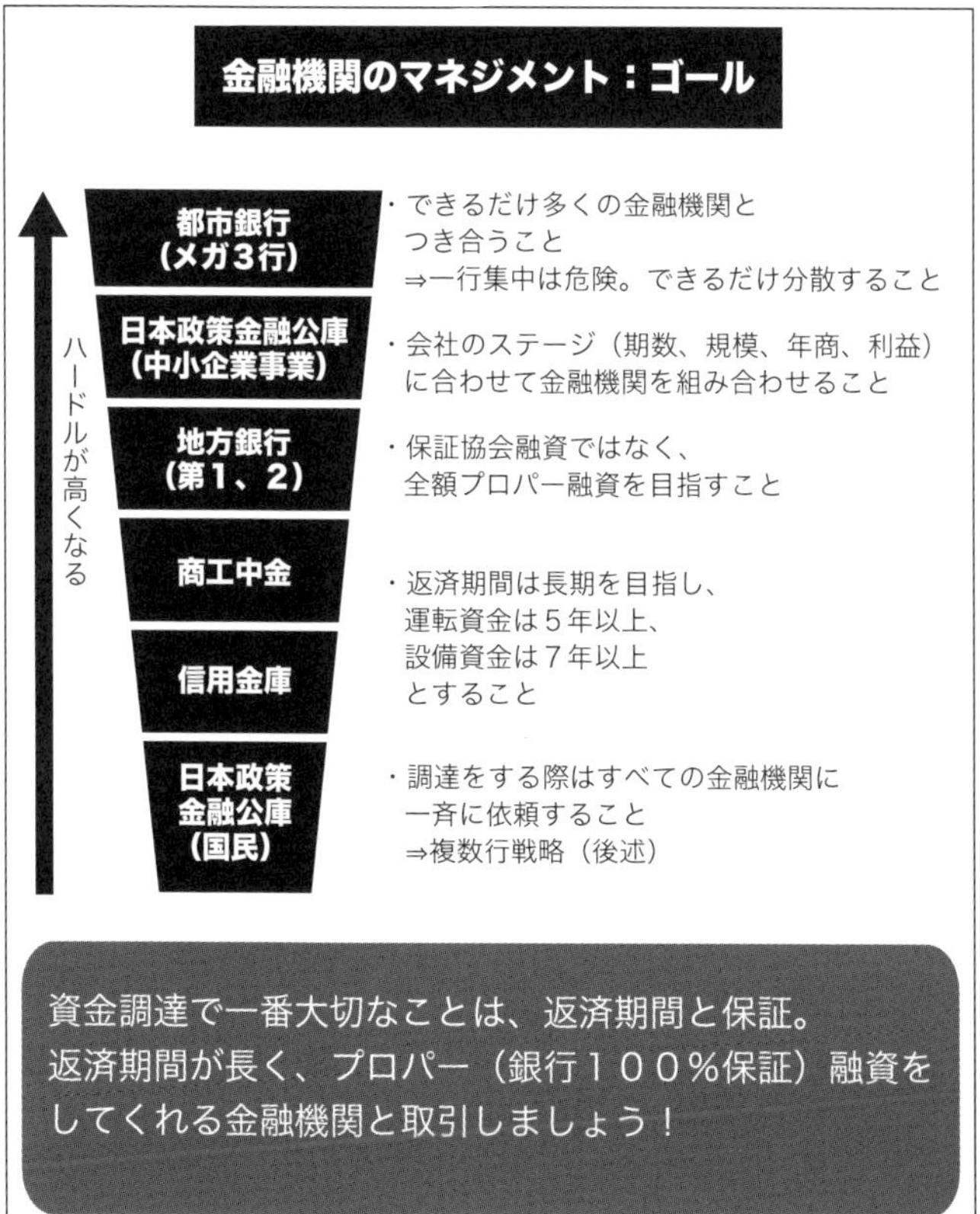
金融機関のマネジメント：ゴール
ハードルが高くなる
都市銀行（メガ３行）
日本政策金融公庫（中小企業事業）
地方銀行（第１、２）
商工中金
信用金庫
日本政策金融公庫（国民）
・できるだけ多くの金融機関とつき合うこと
⇒一行集中は危険。できるだけ分散すること
・会社のステージ（期数、規模、年商、利益）に合わせて金融機関を組み合わせること
・保証協会融資ではなく、全額プロパー融資を目指すこと
・返済期間は長期を目指し、運転資金は５年以上、設備資金は７年以上とすること
・調達をする際はすべての金融機関に一斉に依頼すること
⇒複数行戦略（後述）
資金調達で一番大切なことは、返済期間と保証。

返済期間が長く、プロパー（銀行１００％保証）融資をしてくれる金融機関と取引しましょう！

しょう。

なぜかと言えば、身の丈以上の要求が来てしまったために、支店では決裁ができず、本部決裁になるからです。本部決裁になると、いろいろな資料の提供を求められ、融資事務も非常に煩雑になります。

本当に1億円の融資が必要であれば、メガバンクに相談するべきです。しかし、メガバンクに相談しても、まだ会社の規模が大きくなければ門前払いされてしまうでしょう。

信用金庫に融資相談をする場合、喜んで受けてくれる融資額は1500万円〜2000万円、上限でも3000万円です。それくらいの融資であれば、スムーズに話が通りやすいでしょう。

ちなみに地方銀行であれば、入り口を3000万円くらいにするのがいいでしょう。

5000万円では、支店によっては本部決裁になるところもあります。

複数行戦略：5〜6行一斉に融資相談をする戦略を使うのがおすすめ

それでは、会社として本当に1億円の資金を調達したいと思った場合、どのような戦略を取ればいいでしょうか？

それは、信用金庫や地方銀行、5〜6行一斉に融資の相談をすることです。信用金庫に対しては1500万円〜2000万円貸してほしい、地方銀行に対しては3000万円ほど貸してほしいと、

【図表13　複数行戦略とは】

二股三股どころじゃない！：複数行戦略

金融機関は複数行とつき合う
⇒メリット以外、何もない！

＜1億円調達したい場合＞

①1億円 ×1行
⇒跳ね返されてしまう

②2000～3000万円 ×6行
⇒4行：OK
2行：NG
∴1億円調達できる可能性あり！

★信用金庫・地方銀行がスムーズに動ける金額で並行して相談しましょう！

⇒ 複数行戦略

5つ～6つくらいの金融機関へ一斉に声をかけるのです。

そうすれば、3行くらいは融資OKになり、2行くらいからはお断りが入るかもしれません。しかし、1つひとつの金融機関から2000万円～3000万円ずつ集められるのであれば、3行合計で1億円を調達できる可能性が高くなります。

1億円借りたいからといって、そのまま金融機関に1億円貸してくださいと相談をしても、高確率で跳ね返されるでしょう。むしろ、信用金庫や地方銀行に早く・スムーズに動けそうな金額で相談を並行してかけていくほうが、じつは財務戦略としては正しいのです。

金融機関ごとの、「一番通りやすい」融資金額

ここで、金融機関ごとの「一番スムーズに通りやすい融資金額」をまとめておきます。

・日本政策金融公庫の国民生活事業…1000万円くらい。
・信用金庫…1500万円～2000万円。
・地方銀行…2000万円～3000万円。
・商工中金…3000万円。
・メガバンク…入り口として、4000万円くらいから。

メガバンクについては、御社が事業規模として跳ね返されないくらいであれば、相談しましょう。

【図表 14　通りやすい融資額】

金融機関ごとの「通りやすい」融資金額

○金融機関のステージに応じた借入申込額を知りましょう！

	借入申込額	越えたい「一線」<※>
都市銀行	４０００万円～	２億円
地方銀行	２０００～３０００万円	１億円
商工中金	３０００万円	１億円
信用金庫	１５００～２０００万円	５０００万円
日本政策金融公庫（国民生活事業）	１０００～１５００万円	２０００万円

<※>越えたい「一線」（参考）
「この金額のプロパー融資を引き出すことができれば、絶対に応援し続けてくれる」金額
⇒この金額を越えれば、多少業績が悪くなっても融資をし続けてくれる可能性が大！
∵デフォルトを起こすと支店長が“飛ぶ”ことになるから

★この金額を目指した戦略も非常に有効です！

借入申込金額として４０００万円くらいが、担当者も「すぐ進めましょう」と言える金額です。

わたしはセミナーなどでは、よく野球にたとえます。小学生、中学生、高校生、プロ野球、メジャーリーグは同じ野球のルールに則ってはいますが、それぞれにまったく別ものです。小学生の子にいきなり１５０ｋｍの剛速球を投げては、ゲームになりません。

小学生には小学生、中学生には中学生、高校生には高校生に見合ったボールを投げることが、お互いスムーズに話を進めるために必要な感覚なのだということを知っておきましょう。

10　運転資金は「守りの借入」、設備資金は「攻めの借入」

「守りの借入」は、キャッシュポジションを上げるための借入

よく「お金に色はない」と言われます。

銀行から貸してもらうお金も、一見すればすべて同じ「借入」に思えるかもしれませんが、そこには大きな違いが存在するのです。

まず、会社を創業するときを想像してみてください。

たとえば、１０００万円を超えるくらい潤沢な資金を持った状態で創業する人は少ないでしょう。３００万円~５００万円くらいあれば、いいほうではないでしょうか。

【図表 15　調達のタイミング】

調達のタイミング

★「銀行の決算」と「調達」との関係→銀行もお金を貸したい：いつ貸したい？

3/31　銀行決算（３月決算の会社はここが決算）

4/30　銀行員：新しい期で「がんばろう」と思う

5/31　→ 3月決算の会社：申告（決算書）

→このタイミングでかならず借入をしましょう

（５～６月）

※銀行も第一四半期の締めをにらんで積極的

6/30　第一四半期決算

7/31

8/31　銀行員：上期決算を前に「がんばらないと」と思う（昇進などがかかっている）

→9/30と8/31、どっちで借入をする？

→8/31までに借りたほうが、銀行は喜ぶ

※引っ張りすぎると、10月以降に回されてしまう！

9/30　上期決算

10/31　銀行員：また「がんばろう」と思う

11/30　銀行員：年末の締めで、またがんばる

→仕事を年明けに持ち越したくない、12月前半で新規案件受付終了

→11/30までに借りることがセオリー

12/31　第三四半期決算

1/31　銀行員：猛烈に追い込む気持ちになる

→２月の上旬から銀行と話をしておく

→「こちらも年度末で時間がとれない」と言えば

銀行と利害が一致

2/28

3/31　銀行決算

銀行も貸したいもの！　銀行の心理を理解したうえで交渉すれば、物事はうまく進みます！

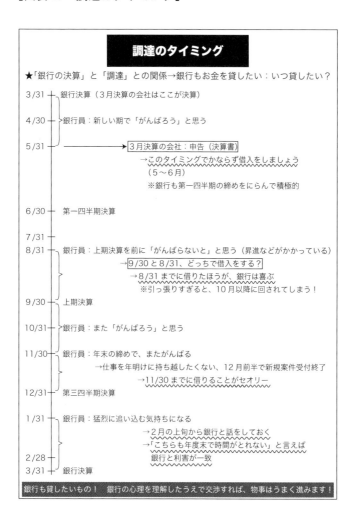

実際、いまはそのような肌感覚を持って創業する人が多く見られます。

しかし事業を進めようとすれば、いろいろなところでお金がかかってきます。

最初に用意した資本金だけではお金が足りないケースがほとんどです。ですから、創業融資というものが必要になるのです。

創業融資とは、会社を潰さないようにするための最初の借入とも言えるのです。つまり、これが「守りの借入」というものになります。

もちろん創業当初でなくとも、手元の預金だけでは心許ないからと安心するための借入も、「守りの借入」、いわゆる「運転資金」です。

会社を潰さないために、つまりキャッシュポジションを上げる＝潤沢な資金を持つために、まずはしっかりと運転資金を借りて、積み増してください。

ここで質問です。

いま説明した「守りの借入」の返済原資は、何だと思いますか？

通常の税理士であれば、「借入の返済は税引後利益＋減価償却で」と言うかもしれませんが、そうではありません。

答えは、「預金」です。借りたお金を、置いてある預金と毎月相殺するだけなのです。

この資金は、とくに何に使うというものではありません。ですから、運転資金の借入は会社を潰さないための「守りの借入」という言い方をしています。

守りの借入の返済原資は何かと言えば、「銀行に置いてある預金」なのです。

「攻めの借入」は、売上・利益を上げるための借入

次に、「設備資金」の話をします。

たとえばラーメン屋さんを始めるために店舗をつくる場合、内装工事や厨房機器の購入をしなければいけません。そのような用途に用いるお金を「設備資金」と言います。

この設備資金の借入は、「攻めの借入」に相当します。

「攻める」とはどういうことかと言えば、売上や利益をつくる、つまり会社を大きくするためのものです。

前者の「守りの借入」は、会社を潰さないためにキャッシュポジションを上げることを目的として借り入れるお金です。基本的な資金使途は、「使わないこと」です。

これに対して攻めの借入は、売上や利益をつくって会社を大きくするためのものです。ですから、「攻め」という表現をするのです。

攻めの借入も、守りの借入と同じように返済をしなければいけません。

では、守りの借入の返済財源は置いてある預金であるのに対して、攻めの借入の返済原資は何で

しょうか？

もちろん返済は普通預金口座から行いますが、攻めの借入は守りの借入とは異なり、ただ普通預金に置いてあるわけではありません。内装工事や機械、敷金や保証金などに形が変わっています。攻めの借入の返済財源は、「その店舗から生み出された利益」ということになります。

同じ借入であっても、2種類あるのだということをご理解いただけたでしょうか？

まずは、会社が潰れないようにするための、キャッシュポジションを上げるための「守りの借入」。資金使途は「使わない」ことです。守りの借入の返済財源は、置いてある預金です。

一方で、出店をして売上や利益を上げて攻めるため、会社を大きくするための設備資金は、「攻めの借入」で行います。攻めの借入の返済財源は、利益です。

安易な節税は、「攻めの借入」の返済原資を削ってしまう

経営者のなかには、「利益が出たらまずは節税しよう」と考える人も少なくないと思いますが、節税は会社からお金が出ていくものであり、利益も残りません。

そうなると、設備資金、すなわち攻めの借入の返済ができなくなってしまい、仕方なく守りの借入の返済財源であるべき預金を削っていくことになるのです。

そのために、いつか倒産してしまうことになります。

【図表 16　守りの借入・攻めの借入】

会社を潰さないための「守りの借入」と、成長拡大のための「攻めの借入」

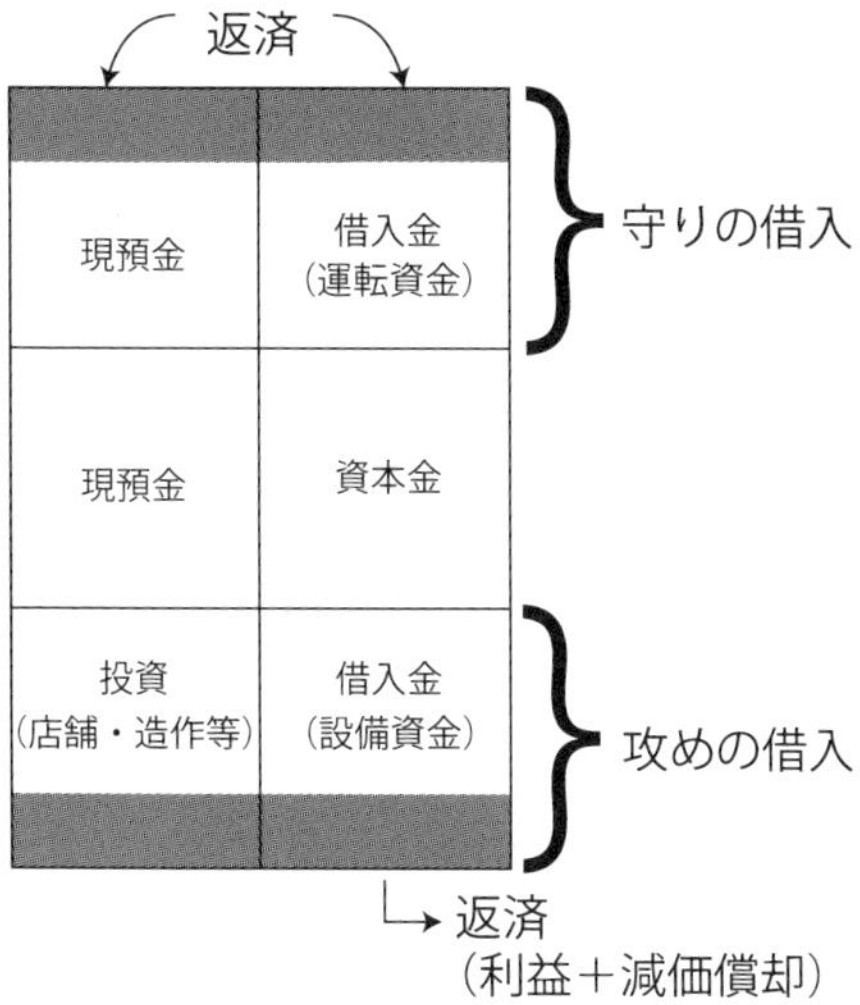

★「守りの借入」とは
　会社を潰さないため、キャッシュポジションを上げるための借入
　→返済原資は「預金」（借入金と預金の相殺）

★「攻めの借入」とは
　売上や利益をつくるため、会社を大きくするための借入
　→返済原資は「店舗から生み出された利益＋減価償却」

節税で利益を減らし、「守りの借入」を「攻めの借入」の返済原資にしないこと！

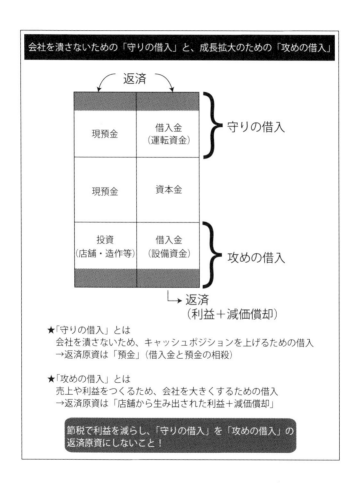

つまり、設備資金を借りたら、少なくともその設備資金の返済を確保できるくらいの利益を出し、そのうえできっちりと残さなければいけないのです。

このことをしっかりとご理解くださいね。

11 複数の銀行とつき合い、保証協会・公庫は使わない

公庫や保証協会だけを利用していると、成長が頭打ちになる

冒頭のタイトルに「複数の銀行とつき合い、保証協会・公庫は使わない」とありますが、ここでまず誤解してほしくないのは、「保証協会や公庫を一切使ってはいけない、と言っているわけではありません」ということです。

創業時の財務戦略の第一歩としては、日本政策金融公庫や保証協会付きの融資を積極的に使うべきです。

ただし、日本政策金融公庫や保証協会付き融資には、制度上融資の上限があります。

会社の規模が大きくなればなるほど、保有しておくべき現預金残高も増えていくでしょう。

そのときに、融資の上限があるような公庫や保証協会だけに頼っていると、いつか成長スピードが鈍化することになってしまうのです。

つまり、「創業時の第一歩」としては、公庫や保証協会を絶対に使うべきなのですが、ポイントは、いつまでもそれに頼らないことです。

銀行との相対取引である「プロパー融資（保証協会を使わず直接銀行と契約をしてお金を借りる融資）」に進んでいきましょう。

「保証協会・公庫は使わない」というのは、そういった意味をあらわしています。

「保証協会付き融資」は、プロパー融資を引き出す「武器」として使う

プロパー融資というのは、銀行にとってリスクがある融資です。

では、どのようにして銀行をリスクがあるプロパー融資へ舵を切らせるのか。

そのときに重要になってくるのが、保証協会付きの融資なのです。

保証協会付き融資は、銀行にとってのリスクが非常に少ない融資です。

これは、わたしたちから見れば武器になり得るものです。

仮に、何の関係もない１つの銀行に保証協会付き融資をプレゼントした、つまりその銀行からしか保証協会付き融資を借りなかった場合、もうその銀行は絶対に保証協会付き融資からはみ出そうとはしません。プロパー融資には踏み切ってもらえないでしょう。

ですから、銀行にとっておいしい、つまりリスクの低い、わたしたちにとって交渉の武器である

保証協会付き融資というものを、複数の金融機関に分けるのがおすすめです。

そして、「保証協会付き融資を御行にお願いしたいと思っているから、少なくとも同額のプロパー融資をセットで（協調で）出してくれませんか？」という交渉を行う。これができるかどうかが、財務の分かれ道なのです。

銀行からハードルの高いプロパー融資だけを引き出そうとしても、「リスクの低い保証協会付き融資があるのに、どうしてわざわざリスクの高いプロパー融資をしなければいけないいんですか？いやですよ」と言われるに決まっています。

そうではなく、「リスクの高いプロパー融資をしてくれるのであれば、リスクの低い保証協会付き融資もセットでお願いしますが、どうでしょうか？」という交渉をすれば、プロパー融資への可能性が開けるのです。

最低でも5つの銀行から融資を受ける

次に、複数の銀行とおつき合いをするメリットについてお話しします。

もし1つの銀行からしかお金を借りていなければ、その銀行が貸さないと言えばそれで終わりです。

また、その銀行から「この条件だったら貸してあげますよ」と言われれば、その条件を飲む以外の選択肢がなくなってしまいます。

どの銀行で借りても、1万円は同じ1万円です。いっそのこと、差のない商品を扱っているのが金融機関なのだと割り切ってしまいましょう。

複数の銀行に「貸してくれませんか？」と相談すれば、A銀行は貸してくれなくてもB銀行は貸してくれるかもしれません。

A銀行、B銀行は貸してくれなくても、C銀行は貸してくれるかもしれません。

また、普段であれば貸してくれないような状況であっても、D銀行では今月の業績を達成したいがために貸してくれる可能性もあります。このように、銀行側の都合で貸してくれるケースもあるのです。

複数の銀行を財務戦略に取り込もうと思うのであれば、最低でも5つ以上の銀行から融資を受けたほうがいいでしょう。

複数行とおつき合いすれば、融資条件も有利になる可能性がある

複数の銀行に保証協会付き融資を分割し、それと併せてプロパー融資も受けられることになったとしたら、それぞれの銀行はかならず「自分の銀行がリードしたい」「メインバンクの座を取りにいこう」と考えます。

そして、「他行より少しでも有利な条件で貸しますから、うちから借りませんか」という競争原理が働くことになります。相見積を取るということですね。

競合他社がいるからこそ、企業にとって条件がよくなる可能性が広がるのです。

一方で、企業にとっての選択肢がなければ、条件がよくなることはありません。

競合他社が入ることで銀行間の競争原理が働き、銀行交渉をしなくても条件が有利になっていきます。

また、企業側にとって有利になるのは、条件面だけではなく金額面にも当てはまります。

別の項目でお話をしましたが、たとえば1億円調達したい場合、1行しか取引がなければいくら交渉を尽くしても借りられないかもしれません。

しかし、5行と取引をすることによって、1行あたり2000万円を借りることで結果的に1億円集まるかもしれないのです。

このように、最低でも5行以上の銀行と取引をすることは、企業側にとってはメリットでしかありません。

もっとも、これは経営者が享受できるメリットです。取引銀行が5行や10行にもなれば、会社の経理担当者は通帳が山のように増えて大変な思いをするかもしれません。

とは言え、そこはメリットのほうを優先していいのではないでしょうか。

12　決算書は財務の視点でつくると銀行に喜ばれる

「決算書は納税のため」は、誤り

ここで質問です。決算書は何のためにつくるのでしょうか？

このように聞かれれば、ほとんどの経営者は「それは納税のためでしょう。税務署に申告しなければいけないじゃないか」と答えるのではないでしょうか。

しかし、それは財務戦略という観点からすれば、１つの側面にすぎません。

一方で、上場企業はなぜ決算をするのでしょうか？

このような質問に対して、納税のためと答えるのは、何か違いますよね。

上場企業が決算をするのは、やはり株主のため、ＩＲの発表のためでしょう。

なぜかと言うと、少しでも株価を上げたいからです。株価が上がれば資金調達力が上がるからにほかなりません。

決算書と事業計画は、ワンセット

中小企業の場合はどうなのかと言えば、決算は株主のためではなく、対銀行のために行います。

財務戦略における決算書は、来期の事業計画を遂行するための資金調達に必要なものなのです。それは間違いありません。

そうなると、「事業計画をつくらずに決算を組んではいけません」という話になります。来期いくらお金が必要になるのかは、事業計画を組まなければわからないからです。

来期の新たな出店数やそのために必要な採用人数といった事業計画を組んでみてはじめて、「来期は1億円の資金が必要だ。この決算書を組んで銀行へ提出したときに、その必要な資金を融資してくれるだろうか？」という発想で決算を組まなければいけません。

決算書は、資金調達のためにつくるものです。納税は付随的なものでしかありません。

決算書に事業計画を添えて銀行に説明をすれば、喜ばれる

来期の事業計画に基づいて決算書を組み、来期の出店計画や採用計画も添えて、決算書と一緒に銀行へ出せば、銀行に「このタイミングで、これくらいのお金が必要です」ということを知らせることができます。

いきなりの融資相談にはならず、「この頃になったら訪問しよう」ということが銀行にわかるのです。

「来期はこのような計画なので、○月くらいに○○○○万円くらいが必要です」ということを前

【図表 17　決算書は何のためにつくるのか】

決算書は何のためにつくる？

納税…△

☑ 決算書は資金調達のためにつくる

上場企業：ＩＲ

⇒　株価を上げる　＝　資金調達力ＵＰ

中小企業：対銀行

⇒　来期の事業計画に必要な資金調達

★決算は「来期の事業計画」ありきです！

＜事業計画＞

来期、

・いくつ出店する？

・何人採用する？

もって伝えておけば、優秀な担当者であれば手帳に書いておくでしょう。

そうすると、適切なタイミングで「社長、そろそろ出店の話が進んでいるのではありませんか？」と言ってきますので、スムーズに話が進むのです。

このように財務目線で決算書をつくれば、銀行には非常に喜ばれます。

なぜなら、運転資金の折り返しもしやすくなりますし、設備資金の計画などを知ることで無用な営業をせずに済むからです。

決算書は、来期の事業遂行に必要な資金を調達するためにつくるものなのです。

そして、財務の視点でつくった決算書に来期の事業計画を添えて、決算が終わった段階で説明をしに行けば、銀行から喜ばれます。

このことをぜひ覚えておき、しっかり実践しましょう。

13　融資は善、銀行は仲間

銀行は、企業の成長には欠かせない「仲間」

経営者にとって、銀行というのはどのような存在でしょうか？

「銀行は、企業に対してお金を貸して、返済を迫る。金利も取るから、敵ではないか？」と思う人もいるかもしれませんね。しかし、銀行は決して敵などではありません。

「借入は悪だ」、「銀行は悪だ」と言う人もいますが、あくまでも「借入は善、銀行は仲間」なのです。もし銀行が悪だとすれば、これまでの間に淘汰され、いまは存続していないはずです。借入をする側が、そのような見方をしてしまっているだけなのです。

考えてもみてください。

「1億円を出して、1％しかもらわない」というのは、商売下手だとは思いませんか？　粗利が1％のビジネスは、商売としてはあまりにも旨みがないとわたしは感じるのです。むしろそのようなことをしてくれる銀行というのは、非常にありがたい存在ではないでしょうか。

実際にある銀行の人は、「わたしたちは1％の利ざやしかないビジネスをしています。１００社のうち1社が倒産してしまえば、99社分の利益が吹き飛んでしまうビジネスです。ですから、審査には当然厳しくなりますし、経営者の姿勢も見ます。節税をしている会社よりも、潤沢な利益を出している会社を選ぶのは当たり前ではありませんか？」と言っていました。

これは至極もっともな話です。

大切なことなので繰り返しますが、銀行は仲間です。

大切な会社が存続し、成長していくために欠かせない存在なので、ぜひ「いい関係」を築いてくださいね。

【図表 18　銀行は仲間】

銀行のビジネス

→「貸付利息ー預金利息」が銀行の儲け（利ざや）

☆１億円の貸付で、利ざやが１％ならば、銀行の儲けは
１社あたりわずか１００万円 / 年

→もし１社が倒産し、貸した１億円が回収不能になれば、
利益が吹き飛んでしまう！

銀行は「商売下手」＝利用者にはありがたい存在

☆銀行は「会社の存続・成長に欠かせない「仲間」！

→いい関係を築きましょう！！

第4章
会社の数字を社長は読めていますか?

1　数字に弱い人が社長になっているから判断できない

「数字が読める」社長への第一歩は、経費の意識を高めること

本章では、社長が会社の数字を読めるようになることの必要性や、具体的な数字の読み方についてお話ししていきます。

一般的に中小企業の経営者は、いわゆるトップ営業マンだった人がそのまま会社を興していることが多いものです。

たとえば、「トップ営業マンの自分なら、社長になったほうがさらに収入を増やせるのではないか」と思って社長になったり、「調理人である自分は、お客さまにもっとこのような料理を提供したい」と奮起して飲食店を開業したりするケースです。

このように現場の第一線で活躍してきた人が経営者になるケースが多く、「自分は経営のプロ、もしくは数字のプロだから社長になろう」と思って会社を立ち上げる人は、ほとんどいません。

しかし、大企業の社長であっても、中小企業の社長であっても、社長業には変わりありません。しっかりとした意思決定をするためには、数字が読める社長になる必要があります。

では、「数字が読める／読めない」とはどういうことでしょうか？

１人の営業マンであれば、売上がすべてなのかもしれませんが、会社経営となれば利益が大切です。その売上をつくるために、接待交際費などの経費を使いすぎれば赤字になってしまうかもしれません。

つまり、経費に対する意識を高めることが、非常に大切なことになるのです。

社長には「投資回収判断」や「試算表の読み解き」も必須

わたしはよく「投資の失敗が経営の失敗」という言葉を使います。いわゆる出店計画などの大型投資に関する経営判断のミスが、会社を潰してしまう致命的な原因になりかねません。

つまり、「社長が数字を見て、投資回収判断をできるかどうか」がとても問われるのです。

社長にはもちろん営業力が不可欠ですが、それだけではなく数字に強くなる必要があります。具体的には、試算表を読めなければいけません。

もっと言えば、会計事務所から提供される試算表に対して、「この数字は何でしょうか？」、「自分がイメージする数字になっていないのですが、何かおかしいところがあるのではないでしょうか？」などというふうに、会計事務所に対して質問ができるようになるのが理想です。

顧問税理士のつくった資料が中途半端であれば、それがベースとなって銀行に試算表として出されてしまいます。社長であるならば、会社の数字に責任を持つべきではないでしょうか。

【図表19　会社における3本の矢】

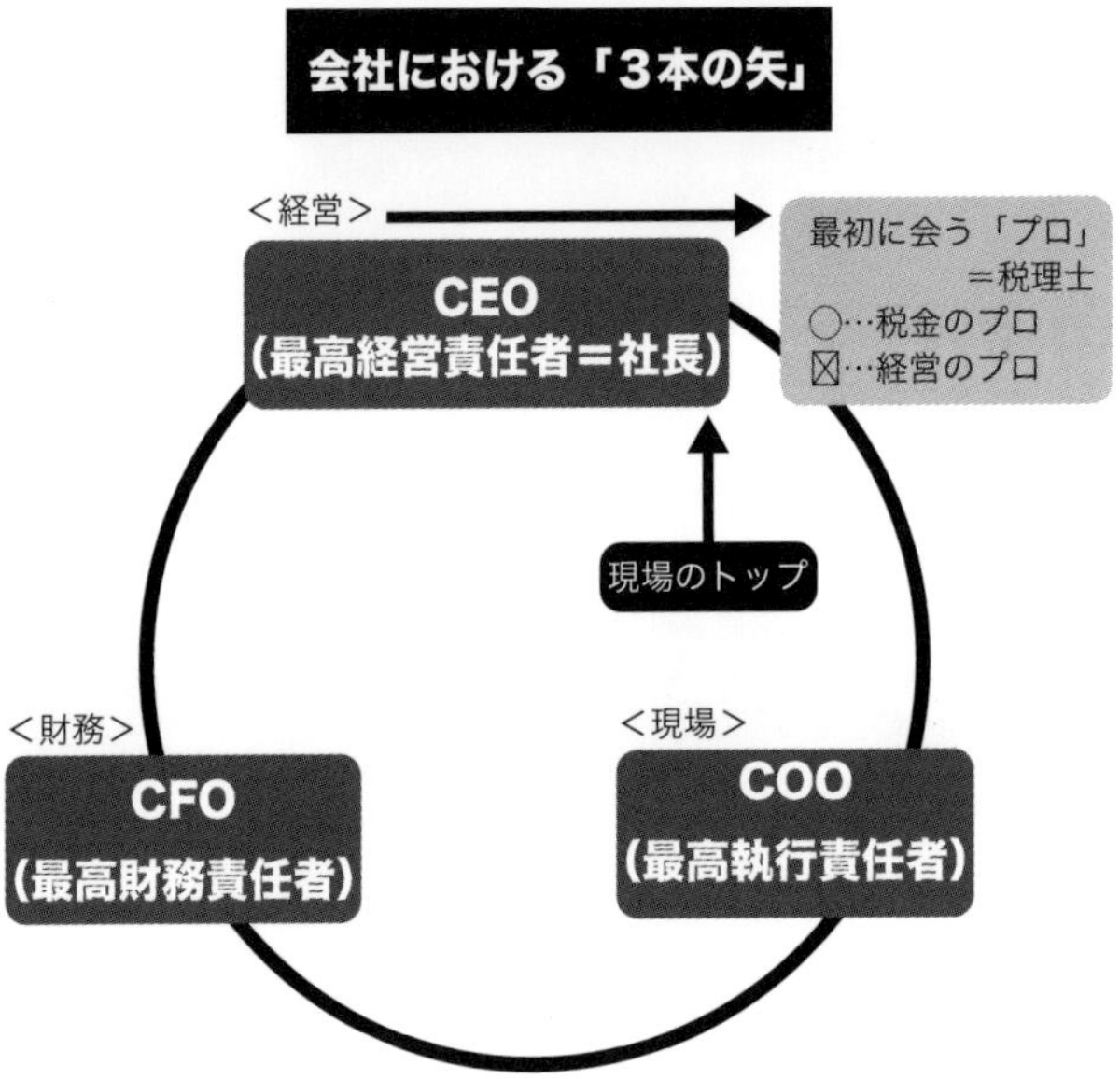

★会社は
①経営　②現場　③財務
の「3本の矢」で成り立っている

★「現場のトップ」が社長になるパターンが多いが
「財務」への意識を高める必要がある

★税理士は「税金」のプロ。「経営」のプロではない

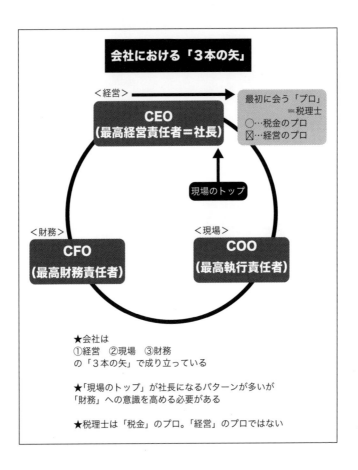

通常業務として、社長が納品物の検品をするのは普通のことでしょう。会計事務所からの試算表も、ほかの納品物と同じです。しっかりと検品チェックをするようにしましょう。

一方で、数字に強い社長であれば、会社の成長スピードが非常に速くなります。実際にわたしのクライアントを見ても、成長している企業の経営者は数字に強いことが多いと感じています。

押さえるべき数字は、原価率、人件費率、営業利益率、税引前利益率

ここで、優先的に押さえておくべき数字は何なのかを具体的に挙げておきます。

まずは「原価率」「粗利率」です。この2つは表と裏の関係にあります。業種によって、原価率で判断される場合と粗利率で判断される場合があります。いずれにしても、社長であれば原価率や粗利率を最優先事項として把握していなければいけません。

次に押さえておくべき数字は、人件費率です。その次が、営業利益率。そして最終的には、税引前利益率となります。このような優先順位で把握できている必要があります。

たとえばわたしのクライアントであれば、「社長、この数字は何かおかしくありませんか？」とわたしが質問をしたときに、「たしかに、この業種を考えればこんなに原価率が高いはずはない。どこか間違えているかもしれないな」というふうに、ご自身の会社について、「原価率」「粗利率」「人件費率」「営業利益率」「税引前利益率」を肌感覚でつかんでいる社長が多いのです。

【図表 20　財務戦略サイクル】

会社の成長スピードを上げていくためにも、まずはこれらの数字をしっかりと押さえられるようになっていきましょう。

2　赤字でも会社は潰れない、資金が尽きるから潰れる

「財務」を言い換えれば「現預金残高」である

1つ質問します。

そもそも「財務」を別の言葉に置き換えるとすれば、どのような言葉になると思いますか？

国語辞典などで財務という言葉を調べれば、たとえば「財政上の事務。国家、法人などの財政に関する仕事」などといった説明が出てきますが、わたしが本書でお伝えしたいことはそれとは異なります。

わたしが一番お伝えしたいのは、「財務＝現預金残高」という言葉に置き換えていただきたいということです。「財務戦略」という言葉を「現預金残高戦略」に置き換えてもいいでしょう。

赤字であっても、資金が続く限りは倒産しない

「財務＝現預金残高」ということを踏まえつつ、話を戻します。もし「赤字であれば、会社が潰れる」

という定義をした場合、「では、黒字であれば会社が潰れることはないのでしょうか？」という話になるでしょう。

しかし現実には黒字倒産という言葉が存在するくらいですから、黒字であっても会社が潰れることはあります。

つまり、赤字であれば会社は潰れるという前提条件が、ここで崩れているのです。

それでは、会社が潰れるというのはどういう状態のときでしょうか？

答えは、現預金残高が０円になったときです。

たとえば、ある友人が社長を務めているとします。そして、わたしは彼のビジネスに魅力を感じている。ところが、１０００万円の資本金でつくった彼の会社が赤字続きで潰れそうになってしまいました。

そのとき彼はわたしに、「３０００万円を貸してほしい」と言ってきました。わたしは彼の人柄に好感を持っていますし、ビジネスを応援したいと思っているので、彼に３０００万円を貸しました。そして彼は、経営を続けることができました。

ところが彼は、数年経ったところでその３０００万円を溶かしてしまったため、再びわたしにお金を貸してほしいと言ってきました。わたしは、これが本当に最後だと言って、１０００万円を貸します。そして彼は、また経営を継続することができました。

このたとえ話で言いたいことは、どういうことだと思いますか？

創業時の資本金である１０００万円、わたしが彼に貸した３０００万円と１０００万円を、彼は赤字によってことごとく流出させてしまいました。そして、資金が枯渇しそうになって潰れそうになったために、わたしのところに相談に来たのです。

わたしはお金を彼に融通し続けました。

そして彼は、会社を継続することができたというお話です。

これは、「いくら赤字であっても、資金が入ってくる限り・資金があり続ける限り、会社は潰れない」という典型的な例なのです。

つまり、赤字だから会社が潰れるということではありません。

資金が尽きるから、会社は潰れるのです。

コロナ禍の政策からも見える、借入金の重要性

まさにコロナ禍では、飲食店に代表されるように、多くの業種が赤字の連続になっているでしょう。ですから国は１００％の保証をし、日本政策金融公庫や民間の金融機関が積極的に企業へお金を貸せるような政策を行っているのです。

赤字を黒字にする努力を、国が保証しているわけではありません。国もそこまではどうすること

【図表21　税務と財務はまったく違う！】

「赤字なら倒産する」は誤り！

Q.「利益」って何ですか？

単位：円

	A社	B社
売上	1億	1億
役員報酬	3000万	300万
利益	△1000万	1000万

⇒　A社は役員報酬（あなたの給料）３０００万円
　　B社は３００万円
　　…どちらのほうが利益が出ていると思いますか？
　　★「会社としては」A社のほうが利益が出ている

Q.どちらが儲かっていますか？

単位：円

	A社	B社
売上	1億	1億
減価償却	3000万	300万
利益	△1000万	1000万

⇒「減価償却」は「資金の流出をともなわない」費用計上
　∴キャッシュフローを考えれば、A社のほうが資本流出は少ない
　（単なる会計上の費用計上）
　　定額法 or 定率法、減価償却する or しないでも変わってくる
★１００社あれば、１００通りの利益があっていい
　（利益はどうにでもなる）
★しかし、「預金残高」はひと通りだけ

「赤字」「黒字」よりも、「資金」に目を向けましょう！

もできないでしょう。そうではなく、会社が潰れないように資金調達の支援をしているのだということを意味します。

本書をご覧になっている経営者さんも、改めて知っておいてほしいのです。

赤字のままであれば、会社は「いつか」潰れます。

しかし、時間、つまり赤字から黒字にするための時間を稼ぐために、ぜひ借入金というものに対して前向きになり、資金を保ち続ける。この考え方が重要なのです。

わたしが本書で伝えたい最大のテーマは、このことです。もう一度言います。

赤字だから会社が潰れるわけではありません。資金が尽きるから、会社は潰れるのです。

これは非常に大切なことですから、ぜひ覚えておいてくださいね。

3　財務は時間を稼ぐもの。その間に業務改善ができる

資金をつなぐことで、赤字から黒字へ転じるまでの時間を稼ぐ

決算が赤字であっても、財務戦略で資金をつなげられるのであれば、会社が潰れることはありません。しかしそうは言っても、赤字のままであれば、いつか会社は潰れてしまいます。

では、財務戦略で資金をつなぐというのは、どういうことでしょうか？

答えは、現状の赤字体質から、さまざまなものを整理することによって、黒字に向かっていくまでの時間を稼いでいる、ということです。

わたしがもし「キャッシュとは何ですか？」と聞かれれば、「キャッシュとは、時間です」と答えます。

お金がなければ時間がなくなる。時間がなくなれば、会社は突然の死を迎えてしまいます。お金がなければ、業務改善や、赤字体質から黒字体質への転換を図ろうとしても、時間が稼げないためにサドンデスという事態になってしまうのです。

一方で、十分な資金があれば、たとえば仕入先や取引業者の見直しをしたり、心苦しいながらも人員の整理をしたりする、といった時間を確保することできます。

お金が出ていく3つの要因である「赤字」「借入金の返済」「新たな出店」のうち、「赤字」を止めることができれば、資金の流出を、より少なくできるでしょう。

このようにして資金をつなぐことができれば、時間が稼げるのです。

その間に黒字への業務改善ができれば、会社は存続し続けることができます。

時間は、経営者の安心のための特効薬

時間を稼げることによって、経営者のメンタルが改善するというメリットもあるでしょう。もし

【図表22　会社を救うのは財務戦略】

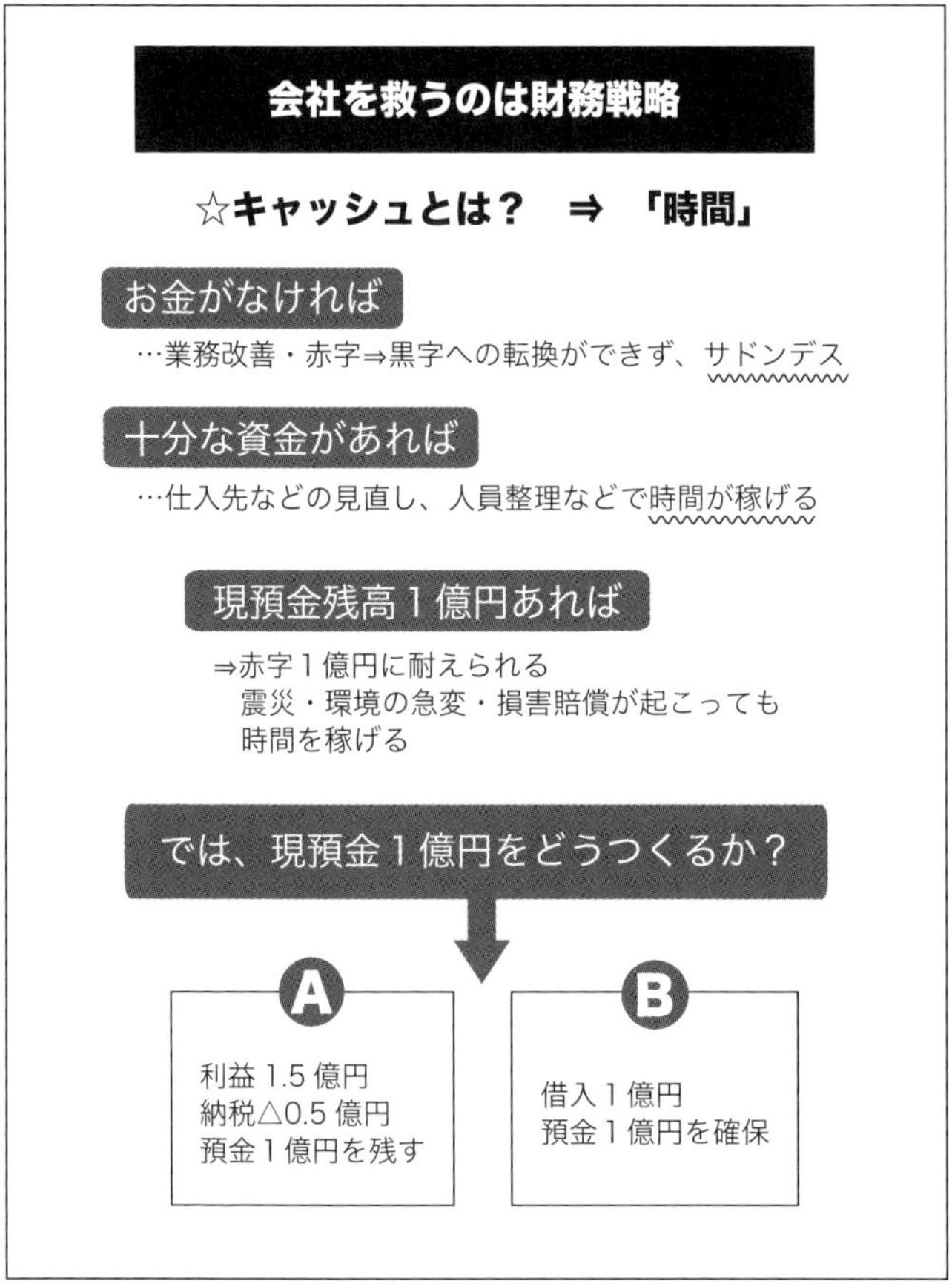

会社を救うのは財務戦略
☆キャッシュとは？　⇒　「時間」
お金がなければ
…業務改善・赤字⇒黒字への転換ができず、サドンデス
十分な資金があれば
…仕入先などの見直し、人員整理などで時間が稼げる
現預金残高1億円あれば
⇒赤字1億円に耐えられる
震災・環境の急変・損害賠償が起こっても
時間を稼げる
では、現預金1億円をどうつくるか？
A
利益1.5億円
納税△0.5億円
預金1億円を残す
B
借入1億円
預金1億円を確保

時間がなければ、経営者の頭のなかはパニックになってしまい、たとえば、赤字でもいいから商品を現金に換えようといった動きをしてしまうかもしれません。

商品を現金化するのは有効な面もあるかもしれませんが、利益を出せる値段でも十分に売れる優良な商品であれば、安売りすべきではありません。

それよりも経営者にとって大切なのは、お金を十分に確保したうえで、安心できる経営計画に則ってしっかりと時間をかけていくことなのです。

4　事業投資の回収期間に3年以上かかるなら実行しない

出店投資の回収は「税引後利益＋減価償却費」で3年以内

投資の失敗は経営の失敗。

極めて大切な言葉なので、何度も繰り返します。これは、まさにその通りなのです。

ここで言う事業投資とは、1000万円単位の大きな出店投資を前提としています。人の採用であれば、一般的には多くても数百万円で済むお話なのですが、出店投資となれば、1000万円を軽く超えてしまいます。

出店のために1000万円以上かかる投資額の回収は、キャッシュフロー上「税引後利益＋減価償却費償却費」で計算します。この計算で投資回収が３年以上かかるのであれば、実行しないことです。

どういうことなのか、説明しますね。

回収が３年以上の投資計画は、小さなトラブルで資金繰りが合わなくなる

出店の資金は、「設備資金」として銀行から調達します。これは、出店によって手元にあるお金を使わない、ということを意味します。

設備資金として銀行から借りたお金はすべて投資に回しているわけですから、借りたお金はもうすでに預金としては存在しない状態です。お店の保証金や機械などに形を変えているでしょう。

しかし、その設備資金は借りたお金なので、毎月銀行に返済しなければなりません。

その返済財源はどこから生まれてくるのかと言うと、「(その出店による) 税引後利益＋減価償却費」なのです。

出店に関する設備資金は、一般的には７年くらいの返済期間で銀行から借りるものです。

しかし、創業してから間もない、もしくは会社の売上・利益がまだ潤沢ではない場合には、銀行にもリスクがあるので「５年の返済でお願いします」と言われることもよくあります。

もし最初の計画の段階で、投資回収に３年以上かかることがわかり、なおかつ返済期間５年で借入をした場合、何か想定外のトラブルが１つ発生するだけで、投資の回収期間が５年どころか７年

に延びることも十分に考えられます。

こういったことが起こると、仮に5年の返済期間で借りていた際には、資金繰りが合わなくなってしまうのです。

一方で、計画のうえで投資回収期間が3年未満として組まれており、なおかつ返済期間7年で設備資金を借りられているのであれば、ひとつトラブルがあったとしても確実に返済できます。

仮に5年で借入をしたとしても、どうにか資金繰りを合わせることができるでしょう。

つまり、設備資金を5年で借りようが7年で借りようが、少なくとも計画の段階で3年未満の投資回収が可能であると見込めるのであれば、銀行も、財務戦略を組んでいるわたしたちも、安心して前に進むことができるでしょう。

計画段階で3年くらいでの投資回収が見込めなければ、5年から7年の返済計画でROI（投資回収）が成り立たない可能性が高いでしょう。このような場合は、投資に対してGOサインを出すべきではありません。

回収に3年以上を要する投資計画は、総投資金額などを見直すこと

もし、計画段階で投資回収が3年以上かかってしまう計算になった場合には、そもそもの総投資金額などを考え直すべきです。

見直すポイントは、たとえば次の通りです。

「これほど立派なものをつくらなければいけないのか？」

「３０００万円の投資計画を、２５００万円にすることはできないのか？」

「毎月の売上計画が３００万円のところ、３５０万円にならないか？」

「原価率を32％で計算しているが、どうにか30％にならないものか？」

「最初から社会保険料の負担が発生する社員を投入するのではなく、社員数を減らしてパートやアルバイトで回すなど、人件費率を下げることはできないか？」

どうしても計画を実行したいのであれば、より利益が出せるような投資回収の計画に組み直して実行に移すべきです。

もしこの基準通りに計画・実行しなかった場合、最初の1～2年はいいのかもしれませんが、３～4年経ったときに「最近、なんとなく資金繰りが悪いように感じる……」といったように、無理が生じてきます。

この基準はわたしの経験に基づくものではありますが、金融機関としても、投資回収計画が３年未満になっていなければ、なかなか設備資金に対して前向きになってはくれません。そういった事実が、たしかに存在するのです。

投資の失敗＝経営の失敗にならないよう、投資回収期間の基準はかならず守っていきましょう。

5　支払利息負担が売上の1％以内であれば、もっと借りていい

「借入が嫌い」は、「支払利息」が嫌いなだけ

中小企業の経営者には、借入が嫌いという人がたくさんいます。

本書をご覧になっている経営者の人にも、そのような人は多いのかもしれません。

そこで1つ質問です。もし借入の金利が0％だったとしたら、どうしますか？

通常は、金利0％の借入など、滅多にあり得ないのかもしれません。

しかし、いまは現実として、コロナ感染症融資のなかには、借入当初3年間は実質無利息というものも存在しているのです。

先ほどの質問の話に戻りますね。

借入が嫌いだという社長に「金利が0％なら借りますか？」という質問をすれば、「それなら借りるよ」と答える人がほとんどです。

つまり経営者の人たちは、「借金」が嫌いなのではなく、「利息を払うこと」が嫌いであるということになるでしょう。

本当に借金が嫌いであれば、金利0％でも借りないでしょう。結局は、利息の問題なのです。

支払利息が売上対比１％以上なら、借金が成長につながっていないということ

これはわたしの経験則なのですが、普段銀行との財務交渉をしていくなかで感じていることをお話しします。

それは、「支払利息の構成比率が売上の１％以上の会社に対して、銀行は融資に関して非常に後ろ向きになる」ということです。

これが意味するものは、「支払利息が売上の１％以上を占めるということは、融資を受けられているのにもかかわらず、その資金が『事業の成長』や『売上の伸び』に反映されていない」ということなのです。

・過去の債務の清算に充てられている
・仕入に使ったものの、それが在庫の山になっている
・過剰な固定費がうまく整理されていない

といったように、銀行から調達した資金が在庫や負債の解消に化けてしまい、成長するための売上につながっていないということです。

そのような状態であっても、お金を借りれば支払利息は発生します。

ですから、借入は増えているけれども売上が伸びないために、支払利息率が上昇しているという状況なのです。もしくは、会社がまだ創業して間もないために、売上に対する支払利息率が高くな

ってしまうというケースもあります。

創業して間もなければ、なかなか売上や利益が伸びていない段階であり、金融機関も融資金利を高く設定するものです。

融資の額はそれほど多くなくても、借入金利が高いために、売上に対する支払利息率が高くなってしまう場合もあります。

このようなときも、どうしても金融機関は融資に対して後ろ向きになります。

支払利息率が売上の１％未満であれば、機会損失の可能性も

逆に、売上に対する支払利息の構成比率が1％を切っていて、なおかつきちんと利益を出しているのであれば、金融機関は「もっと融資をするから、さらに売上や利益を上げてください」と融資に対して積極的に取り組んでくれます。

別の言い方をすれば、しっかりとした利益を出している支払利息率が低い会社は、もっと借入をしなければ、成長するための機会を失っているという状態である可能性があります。

ですから、「会社をもっと成長させたいし、利益も出している。新たな商品開発をしたい」と思ったときには、借入の金額を見るのではなく、売上に対する支払利息率を見るべきです。

この比率が1％を切っているのであれば、ぜひ積極的に金融機関へ声がけし、資金調達に踏み切

っていきましょう。

コロナのような不透明な状況では、潤沢なキャッシュで時間を稼ぐ

今回のコロナ禍のような状況に陥ったときの考え方もお話ししておきます。

「(コロナ禍で) 売上が伸びず、どうしても赤字になってしまう。支払利息率が売上の1%を超えるような借入がダメなのであれば、コロナ関連融資を利用してはいけないのだろう」

こう考えたとすれば、どうでしょうか？

これは、緊急避難的に考えれば、誤った考え方です。

コロナ禍というのは、売上を伸ばしたり赤字を黒字にしたりすることが非常に難しい経済環境です。このような場合は、まずは潤沢なキャッシュで時間を稼ぐということが最優先です。

一時的に支払利息が売上の1%を超えるようになったとしても、コロナ関連融資を積極的に受けて、潤沢な現預金で時間を稼ぐようにしましょう。

いましか利用できないような制度は、積極的に活用するべき

コロナ関連融資のなかには、借入当初3年間無利息のものがあります。

そして、コロナ禍においては景気の先行きが非常に不透明でもありますので、まずはコロナ関連

融資を受けて現預金を持つことが最優先事項です。

いまはとにかく借入をして、資金が潤沢な状態を保ちながらコロナ禍が過ぎ去るまで、どうにかしのいでください。

3年経って利息が発生した段階で、そのときの経済状況や利益状況を見るようにしましょう。そのとき、もしキャッシュフローがプラスに転じたのであれば、繰上返済をしてもかまいません。

一方で、「黒字に転じてはきたものの、コロナ禍でキャッシュを大幅に使ってしまった。利息が発生し始めたけれども、いまはまだ十分なキャッシュを持っているわけではない」ということであれば、利息がかかったとしても繰上返済を急がず、その融資は持ち続けましょう。

コロナ関連融資については、このような対応をするのが正解です。

いましか利用できないような制度は、積極的に活用するべきでしょう。

6　借入金をヒト・モノに使えば、売上をつくり、金利負担は下がる

平均月商の3か月分の現預金は、何が何でも確保する

会社の守りを固め、そしてさらに成長させていくためには、言うまでもなく「お金」が必要です。

そのために銀行から借入をするのですが、この配分を誤ってしまうと、逆に会社を危険に晒してし

まうこともあるのです。

たとえば借入をしても、売上を伸ばすことができなければ、結局は売上に対する支払利息の構成比率は上がってしまいます。

その結果、銀行はその会社への融資に対して後ろ向きになってしまいます。

「絶対的に会社が守られるキャッシュポジションは、平均月商の３か月分」とわたしは顧客に伝えています。

これだけの現預金は、会社を守るために置いてほしい金額です。

必要以上の現預金は、売上に直結する経費に回す

それならば、それ以上に集めたお金についてはどう考えればいいでしょうか？

このようなお金は、人の採用や研修、商品開発、販売促進など、売上に直結するような経費として積極的に使うべきです。

一番よくないのは、借入をまったくしないことなのですが、借入をしたうえでもっとよくないのは、ただ預金として置いておくことなのです。

なぜならば、守りを固めてはいるのかもしれませんが、そのままでは、いつかジリ貧になってしまうからです。

借入をして、しっかりと守りを固めたのであれば、その潤沢なキャッシュを上回る部分についてはヒト・モノに使って売上を上げるような動きをしましょう。

そうすれば、結果として支払利息率が下がっていきますので、会社がより健全な方向に向かっていきます。

もし現時点で金利負担が売上の1％を超えているのであれば、借りているお金を「ヒトやモノ」、「広告宣伝費」、「商品開発」に使って売上を伸ばすような動きをしましょう。

そうすれば、なだらかにではありますが、金利負担は下がっていきます。

実際、守りだけをがっちりと固めて、どのように攻めていいのかわからずに、預金と借入が両建てで積み上がっている会社が稀にあります。

思い当たるという場合は、ぜひお金の使い方を考えてみてくださいね。

「ヒト・モノ」に使う原資は、「守りの借入」

ところで、前に「守りの借入」「攻めの借入」というお話をしました。

このような「ヒト・モノ」に使うべきお金は、「守りの借入」でしょうか。

それとも「攻めの借入」でしょうか。

結論を言えば、これは「守りの借入」を使いましょう。

「攻めの借入」は、前に申し上げた通り、「出店にともなう設備資金」に充てるものです。出店をしているにもかかわらず、売上が伸びないということはあり得ません。

ここで言いたいのは、通常は守りのために置いておくお金、つまりは「預金」を集めすぎてじっとしているのはよいことではない、ということです。

ヒトや商品開発などに向けて、積極的に使っていきましょう。

7　会社の数字は部門別にまとめなければ意味がない

正しい経営判断をするために、部門別会計は必須

会社を経営していて、一店舗しか展開しないというケースは少ないのではないでしょうか。

成長を望むのであれば、複数の店舗を出店したり、場合によっては店舗ごとに異なる業態で出店したりするものです。たとえば、飲食業を営んでいながら介護ビジネスも展開するようなケースも、これに当てはまります。

このように複数の店舗を出していたり、複数の事業を展開していたりする場合に必要となるのは、部門別会計です。

部門別の会計をしていなければ、どの店舗や業態がドル箱であり、どの店舗・業態が不採算店舗

なのかを把握することができなくなります。

なんとなく「全体で成り立っているから、いいのだろう」、「何かがよくない。きっとどこかが悪いのだろう」と推測しているだけでは、正しい経営判断ができないのです。

会社のなかには、本部機能を担うバックヤードや、売上・利益を生み出す事業部がかならずあるはずです。

全社の合計があり、そのなかに本部があり、事業部があります。

もし事業部が1つしかないのであれば、全社があり、本部があり、事業部があり、その事業部の下にA店舗・B店舗・C店舗があるはずです。

先ほどの例のように、飲食業や介護事業を展開している会社であれば、全社があり・本部があり、飲食事業部があり、介護事業部があり、飲食事業部の下にA店舗・B店舗・C店舗、介護事業部の下にD事業所・E事業所があるような構成でしょう。

会社の数字を考えるにあたって、これらの部門別に区分けされていないようであれば、どこが好調でどこが悪いのか、どこをてこ入れしなければいけないのかがわかりません。

これはまさに、「社長、会社の数字が読めていますか？」ということにつながる話なのです。一方で、部門別会計がきちんとされている企業であれば、金融機関も「これだけの管理をしているなら、安心して融資ができる」という印象を持ち、融資に対してより前向きになってくれるでしょう。

部門別会計による管理を、会計事務所へ要求しましょう

これは会計事務所の協力が必要なことなのかもしれません。逆に、社長が数字に強くなるためにも、会計事務所に対して「部門別会計をしっかりと実施してください」という要求をするべきなのです。

これは余談ではありますが、会計事務所というのはどうしても、税金の計算をメインの仕事にしがちではあります。

しかし、財務に関しては税金の計算は副次的なものです。

前にもお話ししましたが、決算は来期の事業計画を遂行するための資金を調達するために行うものです。税務というものは、それに付随するものであるととらえるべきでしょう。

ちなみに、わたしのクライアントは、１００％部門別の会計を行っています。

社長にも、そのように管理するよう、会計事務所へ要求してもらっています。

会計事務所も決して安くはない顧問料をもらっているのですから、できるはずです。

これからの時代に会社が成長していくためには、部門別会計が必須です。

まだ着手できていない社長は、ぜひ取り入れていきましょう。

【図表 23　部門別会計】

会社の数字は「部門別」に！

★複数店舗・複数事業展開をしているなら「部門別会計」！

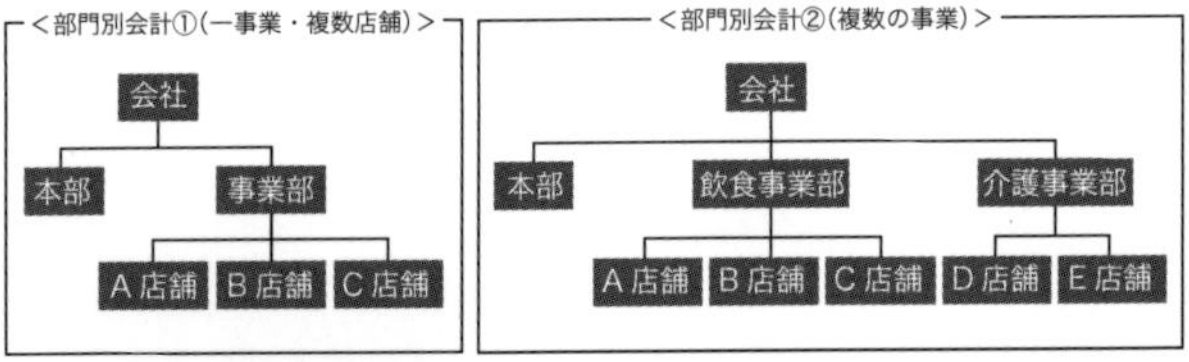

部門別会計の効果

→どの店舗、どの事業がドル箱 or 不採算店舗なのか把握できる
（正しい経営判断ができる）
→金融機関の安心を得られ、融資に対してより前向きに

第5章

財務の仕事を内製化しようとしていますか？

1 タイムリーな経営は日々の数字が見える社内だからできる

「試算表」は「お刺身」～適切な経営判断には「鮮度」が命

本書も、最終章になりました。

本章では、経営者の人たちにぜひ目指していただきたい「経理・財務の内製化」のお話をしていきます。

まず、会計書類のなかでも一般的なものの1つに「試算表」というものがあります。

わたしはこの試算表を、「お刺身」と言っています。

これはいったいどういうことでしょうか？

たとえば、2週間前のお刺身を食べられますか？

煮たり焼いたりしたお魚でも、2週間も経てば食べられなくなってしまうでしょう。

お刺身は、鮮度が命です。2週間前のお刺身など、食べられたものではありませんね。

会計事務所へ会計に関する作業をお願いすると、2週間であればまだ早いほうで、場合によっては1か月や2か月くらい遅れてしまいます。

1か月や2か月遅れた試算表では、経営を把握するにはあまり意味がありません。

いまが9月だとして、「7月の試算表でお話をしましょう」と言われても、いまさら7月のことを思い出すのも大変ではないでしょうか。

ところが、会計事務所の試算表は、そういったことがごく当たり前になっていることが多いのです。鮮度の低い資料で、まさに「いま」を生きている経営者が適切な経営判断をすることができるでしょうか。それは無理でしょう。

仮に、火曜日や水曜日の段階で先週の売上はどうだったのかがわかるような状態であれば、まだ手の打ちようがあります。

たとえば、毎月10日までに先月の数字について打ち合わせを行い、週明けには現場へ指示を出そうと思うのであれば、許容できるタイムラグは、ギリギリ2週間でしょう。それくらいのタイムラグであれば、会社はどうにかやっていけるのではないでしょうか。

経理の入力やチェックを自社で行うために、「採用」もひとつの方法

結局のところ、会社に「経理担当者」がいて、その人が日々の現場の売上や原価、人件費などをきちんと把握しているからこそ、たとえば「今月の売上目標の進捗率が順調に進んでいるのか、進んでいないのか」、「今月半ばまでの原価率が想定通りなのか、想定よりも高いのか」などといったことがすぐにわかり、必要な手を打つことができます。

ですから、会計事務所に経理を投げっぱなしにすることは絶対に避けたほうがいいでしょう。

または、会社の経理担当者が会計ソフトへ入力する形になっていたとしても、その入力が正しくできているかどうかを会計事務所にチェックしてもらっているようでは、タイムリーな数字の把握はできないでしょう。

それでは、どのようにすればいいのでしょうか。

たとえば、以前会計事務所に勤めていたような、いわゆる経理担当よりも1ランク高い、財務担当者候補を採用するのが1つの方法です。

そうすれば、会社はもっとタイムリーに数字をとらえることができるようになります。

売上10億円を目指すなら「経理のエキスパート」を採用する

ここからは、具体的な話をします。

まず、売上が3億円~5億円くらいの規模になってきたら、経理担当者を採用し、会計事務所に対する記帳の丸投げをやめなければいけません。

つまり、経理の内製化に着手するのです。

そして、売上が5億円を超えて、次に10億円を目指すのであれば、経理を内製化するだけではなく、以前会計事務所で働いていたような「経理の一線級」を採用しなければいけません。

そのようにしなければ、会社の意思決定をタイムリーに行うことができないからです。

タイムリーでなければ、意思決定が遅くなるため、成長スピードが鈍化してしまいます。

なお、もっとも理想的なのは「日々の」数字が把握できることです。

つまり、昨日の数字が今日把握できるのが理想的な状態です。

早い会社では、日々の日報を各事業所や店舗から吸い上げて数字を把握しています。

人件費については、社員であれば給与が基本的に固定されていますから、30で割れば1日分のコストが計算できます。

パートやアルバイトも、シフトの管理表を見て時給を乗じれば、日々の人件費が把握できます。

毎月の家賃も固定されていますので、これも日割りで計算できます。

このように日々の数字は概算も含めて計算することができますから、日次報告も十分に可能なのです。

しかし、このような運営をしようと思っても、経理担当者だけしかいなければ、レベルの低い仕事になってしまいます。会計事務所で働いていたような人を採用することによって、実現が可能となるのです。

意思決定を早めようと本気で思うのであれば、本部機能を充実させるような採用を行うことが経営者に求められるのではないでしょうか。

このような人材への投資についても、社長には前向きに考えていただきたいのです。

「会計事務所にお願いしているから大丈夫」という発想は、まったく意味がないのだということを認識してくださいね。

2 成長している会社の社長は「縁の下の力持ち」を大切にする

経営者の「バックヤード」への理解度が、会社の成長に関わる

前項で、「売上が3億円規模になってきたら、経理の内製化に着手しましょう」という話をしました。

しかし、これはそもそも売上とリンクさせる話ではありません。

中小企業は、トップ営業マンだった人が会社を興して社長になることが多く、そのような経営者はバックヤードを疎かにしがちなのです。

「売上を上げる人間が偉いのだ」という、よくわからない発想が根底にあるのでしょう。

縁の下の力持ちがいるからこそ現場が成り立っているのにもかかわらず、そのような意識があまりにも低いのです。そのような会社は、残念ながらどこかで伸び悩んでしまうでしょう。

まさに、経営者のバックヤードへの理解度が、会社の成長に関わってくるのです。

伸びる会社の経営者は経理の内製化を進め、経営を安定させている

それとは逆に、伸びている会社の経営者は、過去はトップセールスマンであったとしても、営業事務をはじめとした縁の下の力持ちの人たちへの感謝の気持ちを強く持っています。

このようにバックヤード側のことをきちんと理解している社長は、売上の大小にかかわらず、早い時期から経理の内製化に取りかかっています。

わたしのクライアント企業の社長も皆さまそうです。早々に縁の下の力持ち役を担う人たちの重要性を知り、すぐに動き出していることで、着実に売上を伸ばし、安定した経営を実現できています。

会社の基盤を強くするきっかけは、かならずしも売上の額だけではありません。

社長の意識の持ち方も非常に重要なのです。

3　経理担当者はヒト・モノ・カネの動きを把握しておく

経理担当者は「発生主義的に」ヒト・モノ・カネを把握している必要がある

自社で経理の内製化を進めていこうとしても、まずはその業務を担う人材がいなければ進めようがありませんね。

もしすでに「経理担当者」が御社にいるのであれば、その人が御社の「経理の内製化」の入り口

となる人材の1人でしょう。

ただし、経理の内製化を進めていくにあたっては、「ヒト・モノ・カネ」の動きを把握できる必要があります。

さもなければ、試算表が「現金主義（現金の受け渡しの時点で収益や費用を認識する考え方）」になりがちであり、「発生主義（現金による受け渡しに関係なく、取引の時点で収益や費用を認識する考え方）」できちんと把握できなくなってしまうからです。

「ヒト・モノ・カネの流れを把握する」というのは、通帳だけを見つめて、現金主義的に経理を行うことではありません。

会社が発行する請求書、もしくは取引先から送られてくる請求書をきっちりと発生主義的に勘定へ反映させて、より実態に則した試算表をつくることです。

わたしはクライアントの経理担当者の採用面接をさせてもらうことがあります。

そのときに見るポイントは、まずはその会社のビジネスモデルをきちんと理解できるかどうか。

そして、「ヒト・モノ・カネ」の動きを経理として理解できる人材かどうかということです。

「経理ができる」ことと、「経理をやったことがある」ということは、じつはまったく違います。

プログラムのように上司から仕事を振られなければ動けない人よりも、自発的に動ける人のほうが、これからの時代には必要とされるでしょう。

「経理担当者」から「財務担当者」へ

経理担当者が成長したら、次のステップとしては「財務担当者」という存在になってほしいのです。最初の入り口は「経理」担当者かもしれませんが、ヒト・モノ・カネを現金主義から発生主義で把握するようになることで、より実態に則した試算表、つまり経営判断の資料をつくれるようになります。

その経理担当者が成長し、金融機関との交渉もできるようになってくれれば、経理担当者を卒業して「財務担当者」へと変わるのです。

そして「経理部」もしくは「財務部」へ

経理担当者が財務担当者になったら、次は新たな経理担当者を採用して財務担当者の下につけるような形にすれば、「経理部」もしくは「財務部」というものができ上がります。

入力などを新しい人にやらせて、財務担当者はチェックする側に回る。

このようにして、経理の内製化を推進していくことができれば理想的でしょう。

経理部もしくは財務部をつくることができれば、会社の成長スピードが落ちることなく進んでいけるのではないでしょうか。

まだ着手できていないないということなら、ぜひすぐに動いてみてほしいのです。

4　核となる経理のプロ、ＣＦＯ予備軍がいれば未来は明るい

「経理」や「財務」は、経営者の右腕になれる可能性がある職業

わたしには、どうしても1つ言いたいことがあります。

それは、「会計事務所との窓口になっている人が、その人のサラリーマン人生を経理担当者で終わらせてしまったら、非常に寂しいことだと思いませんか？」ということです。

担当者が「単なる経理担当者」で終わるのではなく、もっと会計事務所の担当者を動かせるような人になれば、それは非常に素晴らしいことでしょう。

たとえば、「もっとこのような試算表を出してほしい」、「もっとこのような決算にしてほしい」と指示を出す。そして、銀行との交渉も担当者本人がやっていく。

このように「経理のプロ」を発展させた「財務のプロ（ＣＦＯ予備軍）」をつくる動きが、世の中にどんどん広がっていってほしいのです。

「経理担当者」から「財務担当者」に成長していけば、もし転職をすることになった場合でも、その人自身の価値が非常に上がるため、お給料も上がるはずです。

いま在籍する会社でもきっと、そのような人材を手放したいとは思わないでしょう。

そうなれば、お給料やボーナスの水準も上がる可能性が高くなります。

生活も豊かになっていきます。

経理や財務というものは、会社には欠かせない、社長の右腕や左腕になれる可能性のある職業であるとわたしは考えています。

ですから、ぜひとも経理だけにとどまらず、「財務」という部分にも興味を持って成長してもらいたいのです。

数字がわかるということは、経営がわかるということ。

本来は経営者と対等に話ができるような、価値ある仕事なのです。

ＣＦＯ予備軍の未来も、予備軍のいる会社の未来も明るい

本書はもちろん中小企業の経営者に読んでもらいたいのですが、経理担当者の人にも「自分のやっていることはどうなのだろう？」、「自分が勤める会社の状況はどうなのかな？」、「いい仕事をしていくために、もっとどうしていけばいいのだろう？」と思ったときに非常に役立つ本であればと願っています。

たとえば、次のようなことを社長に言える存在になってほしいです。

「社長、借入ってやっぱり大切みたいですよ！」

「社長、ここは勝負してもいいところなのではないでしょうか？」

「社長、この数字を抑えて、もっとこちらに投資しませんか？」

などと社長へ言える存在になっていってほしいものです。

会社の核となる経理や財務のプロ、すなわちＣＦＯ予備軍のいる会社の未来は明るいですし、その担当者自身の未来も明るいものになります。

ぜひ、社長から絶大な信頼を置いてもらえる財務のプロを目指しましょう。

5　社外コンサルタントとわたり合える人材を社内に置く

わたしとクライアントのコミット〜３年以内に財務担当者を育てる〜

いよいよ最後の項になりました。

財務について、経営者や経理担当者が知って実践してほしいポイントを解説してきましたが、いかがだったでしょうか？

わたしがコンサルティング契約をする際、最初に社長に伝えることがあります。それは、「わたしは御社の外注の財務番頭ではありません」ということです。

そして、「わたしは金融斡旋業でもありません。御社の財務教育係です」ともお伝えします。

これはつまり、「わたしの会社（株式会社みんなの財務）がずっとついていなければ御社の財務が回らないようではいけませんよ」ということを意味します。

わたしが実践しているのは、あくまでも「教育ビジネス」です。

どのような分野の教育なのかと言うと、「財務」に特化した教育です。

わたしは、「わたしがいないと困るでしょう？」というのは、コンサルティングではないと考えています。

自分のノウハウをクライアントに落とし込むことこそが、コンサルティングであるとわたしは考えています。

ですから、最終的には契約をしてから3年以内、もしくは3年を目安に、クライアントにはきちんとした経理担当者を置くだけではなく、財務担当者となるような人間を育て上げてもらいます。

そして3年経った段階で、わたしではなく、会社の財務担当者が複数の金融機関の担当としっかり融資交渉ができるようになってもらいます。

このような状態になれば、わたしはもう必要ありません。

わたしのところを晴れて「卒業」ということになります。

卒業となれば、その経営者との「ビジネス上の」おつき合いは終わりです。

その次は、わたしの限られた人生の時間を、３年前に出会ったそのクライアントと同じような中小企業の経営者に向けたいのです。

余談ですが、卒業されたあとは「個人的に」ときどきお会いする経営者もいます。

「仕事はもういいですよね。もし相談があるのなら、ここの食事をご馳走してくださいね」ということで、プライベートなおつき合いへと変わっていきます。

御社の成長が日本経済を伸ばす～財務を担う人材を育てましょう

わたしのクライアントではなくても、本書をご覧の経営者たちには、社外コンサルタントとわたり合えるような人材をぜひ採用し、そして教育していただきたい、という願いをわたしはいつも持っています。そうすれば、日本全国の中小企業が成長していくからです。

いま、日本の経済力は世界から見れば衰退していると言われています。

しかし、日本の経済を担う中小企業が成長すれば、再び「世界に日本ありき！」という形で成長していくのではないでしょうか。

このような形になっていけば、わたしも日々業務に取り組んでいる意義をますます感じられるでしょう。

数々の困難から何度も立ち上がってきた日本の底力を、わたしは信じています。

お互い、がんばっていこうではありませんか！

おわりに

本書を最後までお読みいただき、ありがとうございました。

ここでわたし自身の生い立ちをお話ししておきます。

じつはわたしは、福岡県のプロパンガス屋さんの長男として生まれ、商売人の家庭で育ちました。

ですから、「財務＝現預金残高＝資金繰り」というものの大切さを肌で感じながら、育ってきたのです。

そして税理士になり、いかに節税が世の中で横行しているか、そして節税がいかに会社の価値を落としているのかを感じてきました。大半の会社が、創業して10年以内に倒産してしまうような国になってしまったという、非常に寂しい現実を見てきたのです。

そして、「借入」や「納税」など、一般的には後ろ向きのイメージでとらえられがちな言葉を、より積極的な、前向きな言葉としてとらえていただきたいという想いを持つようになりました。

金融機関からの資金支援を仰ぎながら会社を成長させていくことは、社長だけではなく、その会社で人生を賭けて働いてくれている社員、社員のお給料で養われているご家族の豊かな人生につながっていくのだと本気で思って活動しています。

ぜひ財務戦略によって、経営者の皆さまの人生を豊かなものにしていただきたい。

そして、経理担当者の皆さまも、ぜひとも輝いていただきたいのです。

どうしても売上をつくる人が注目を浴びやすい世の中ではありますが、「縁の下の力持ち＝バックヤード」は会社のなかで非常に大切な役割を担っています。わたしは長年会計事務所の所長税理士を務めてきましたので、そのことを非常に理解しています。

財務という分野は、「裏方」と言われる人たちが輝ける職業です。

ぜひ「経理担当者」という役割にとどまらず、「財務担当者」すなわち、「社長の右腕・左腕」になっていってほしいのです。

長い人生を送るなかでは、コロナのような想定しない事態が突然降りかかってくることも十分に起こり得ます。

しかし、財務戦略に取り組んでいれば、想定もしなかったような一大事が起こったとしても慌てることなく、会社の存続が担保され、次の舞台へ向かっていくことができます。

ぜひ財務戦略に取り組んで会社をしっかりと守り、「潰れない・潰されない会社」をつくって、豊かな人生を送ってください。そして、ともに日本を元気にしていきましょう。

さて、本書の当初の主旨から脱線してしまうかもしれませんが、本書は中小企業の経営者や経理担当者だけではなく、会計事務所に在籍する人にも読んでほしいと思っています。

なぜなら、本書に書いてあることは会計事務所にとっても大きなヒントとなり得るからです。

「税理士が、何を偉そうに……」と思われるかもしれません。しかし、これまで会計事務所が提供してきたサービスは、納税という制度に守られてきた面もあるのではないでしょうか。

これからは主要売上である顧問料も、競争の激しいレッドオーシャンで下がる一方の状況です。それに対して、財務というサービスの提供はブルーオーシャンです。

中小企業の社長が感謝するポイントもわかりますので、ぜひ読んで参考にしていただきたいと思っています。

本書が、中小企業の経営者だけに向けてのものではなく、会計業界にも一石を投じるような書籍になれば、望外の喜びです。

２０２１年９月

湯原　重之

著者略歴

湯原　重之（ゆはら　しげゆき）

株式会社みんなの財務　代表取締役、税理士
1969年6月　福岡県北九州市生まれ。

1993年に慶應義塾大学商学部を卒業後、外資系製薬会社にＭＲとして入社。

1998年10月、東京都内の会計事務所に入所し、2001年12月に税理士試験合格。

2002年12月、川越市内の税理士法人に入社。

2004年4月、東京都練馬区に湯原会計事務所を開業。

2016年12月、武蔵野市吉祥寺において財務コンサルタント法人「株式会社みんなの財務」を設立、代表取締役に就任。会計事務所に入所してから、キャリアは20年以上。これまでコンサルティングで関わってきた会社は、業種を問わず300社ほど。「店舗展開型ビジネス」を中心に、売上規模3億円超の企業を最速で10億円企業に導いてきた。そのなかには、上場した企業、上場準備に入っている企業が多数。

企画・編集協力　星野友絵　牧内大助（silas consulting）

100年潰れない中小企業をつくる
最強の財務経営

2021年10月1日　初版発行　2023年6月30日　第3刷発行

著　者　湯原　重之　

発行人　森　　忠順

発行所　株式会社 セルバ出版
〒113-0034
東京都文京区湯島1丁目12番6号 高関ビル5Ｂ
☎ 03（5812）1178　FAX 03（5812）1188
http://www.seluba.co.jp/

発　売　株式会社 三省堂書店／創英社
〒101-0051
東京都千代田区神田神保町1丁目1番地
☎ 03（3291）2295　FAX 03（3292）7687

印刷・製本　株式会社丸井工文社

Printed in JAPAN
ISBN978-4-86367-702-9